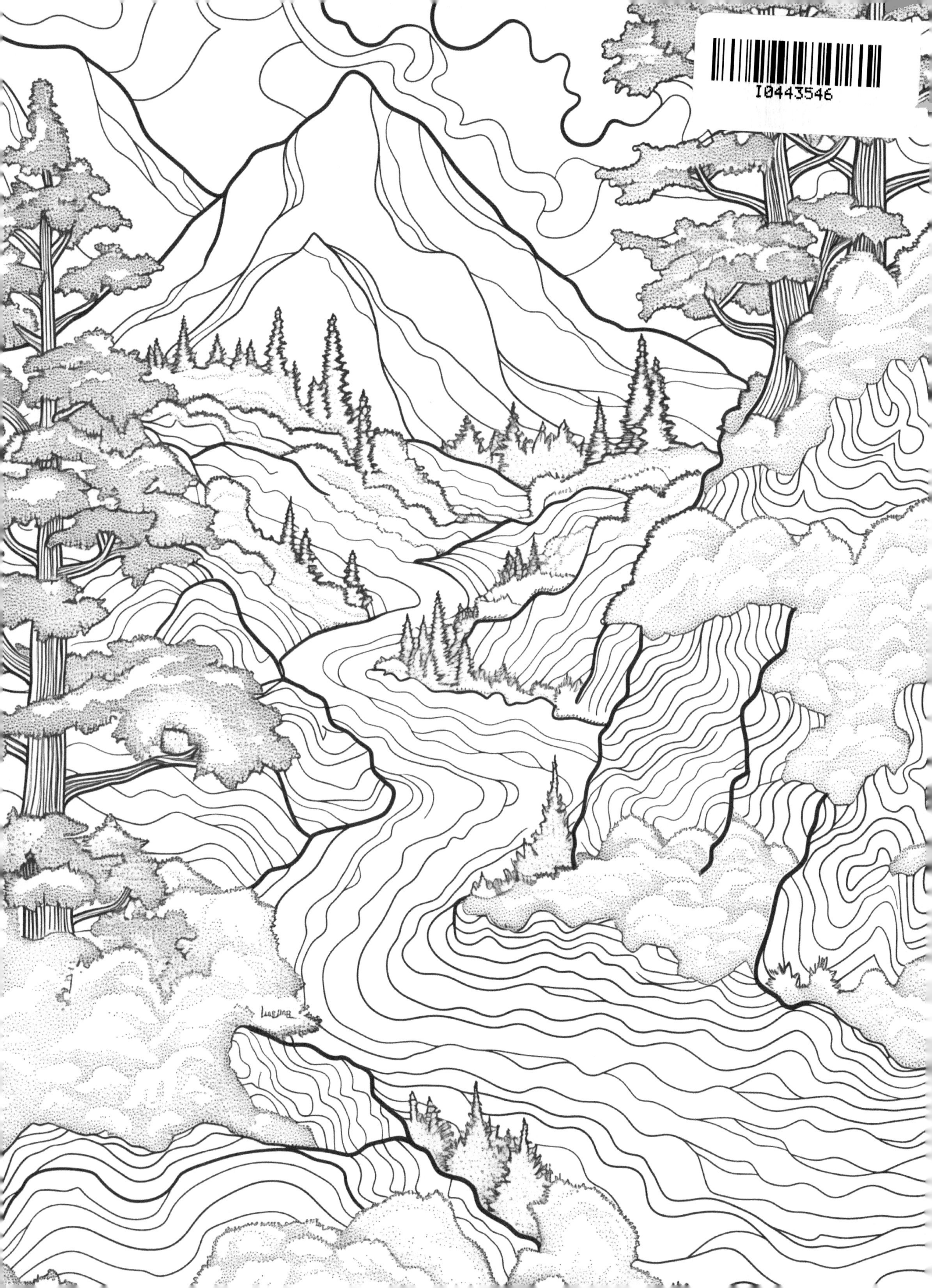

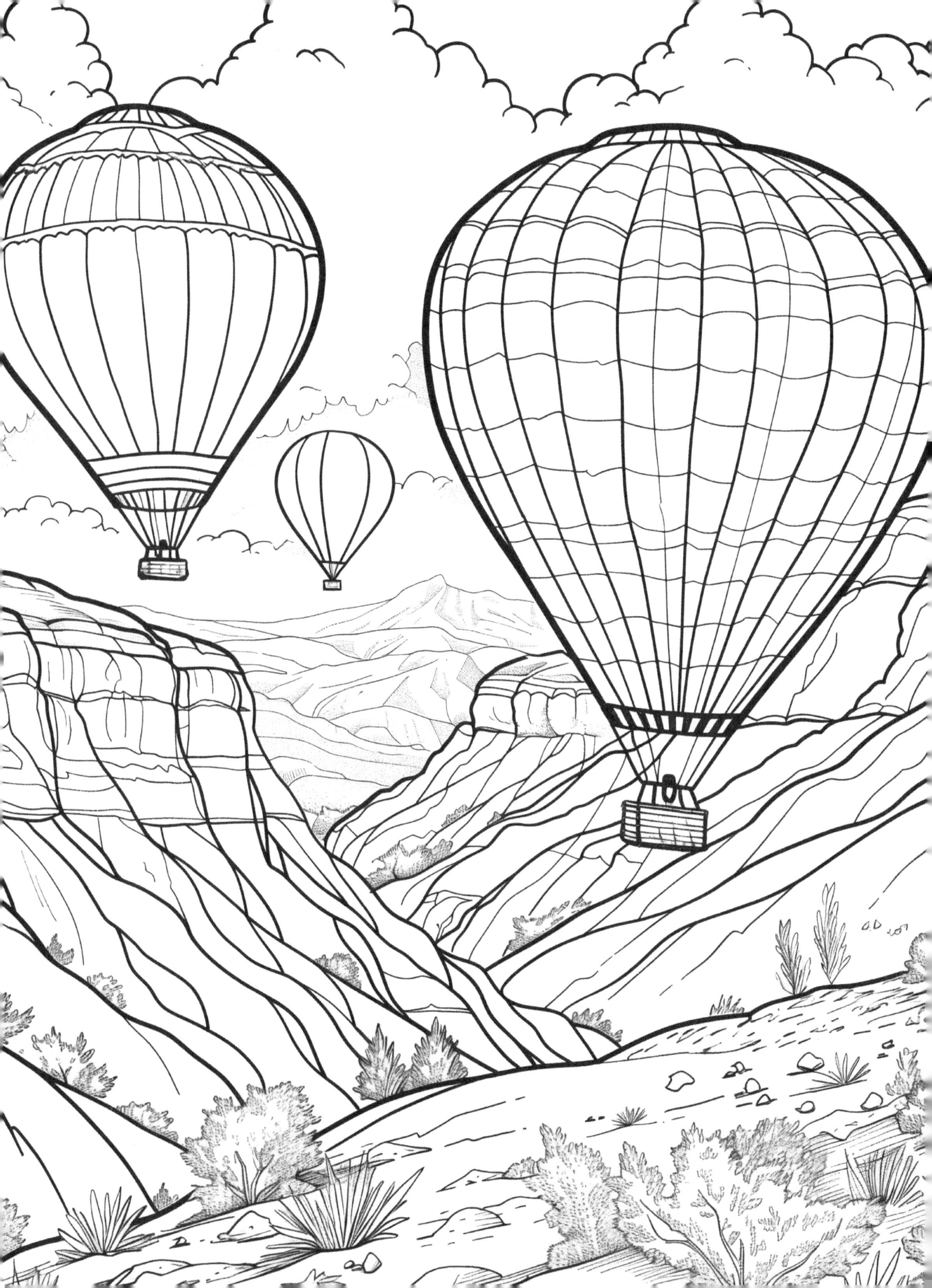

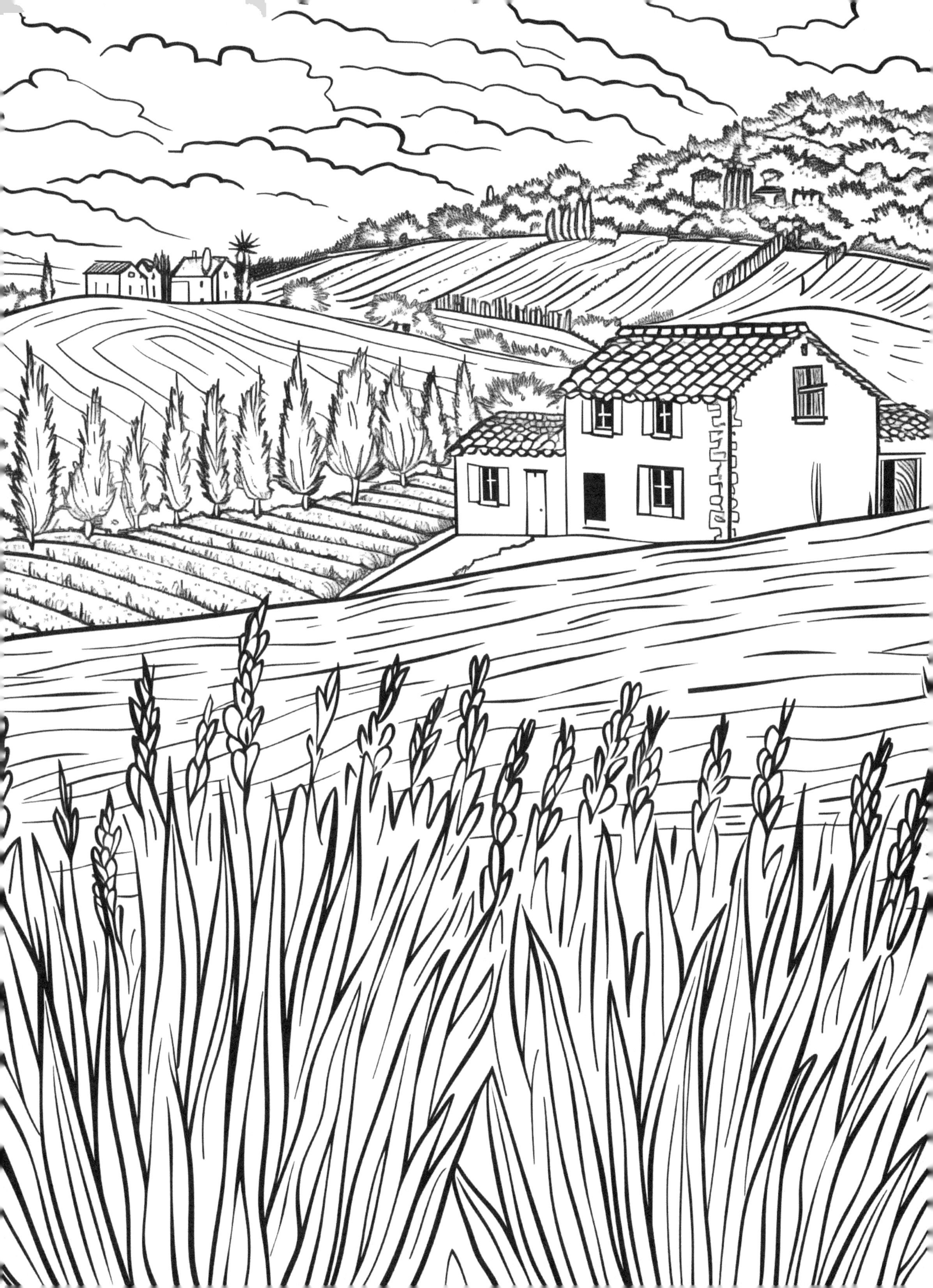

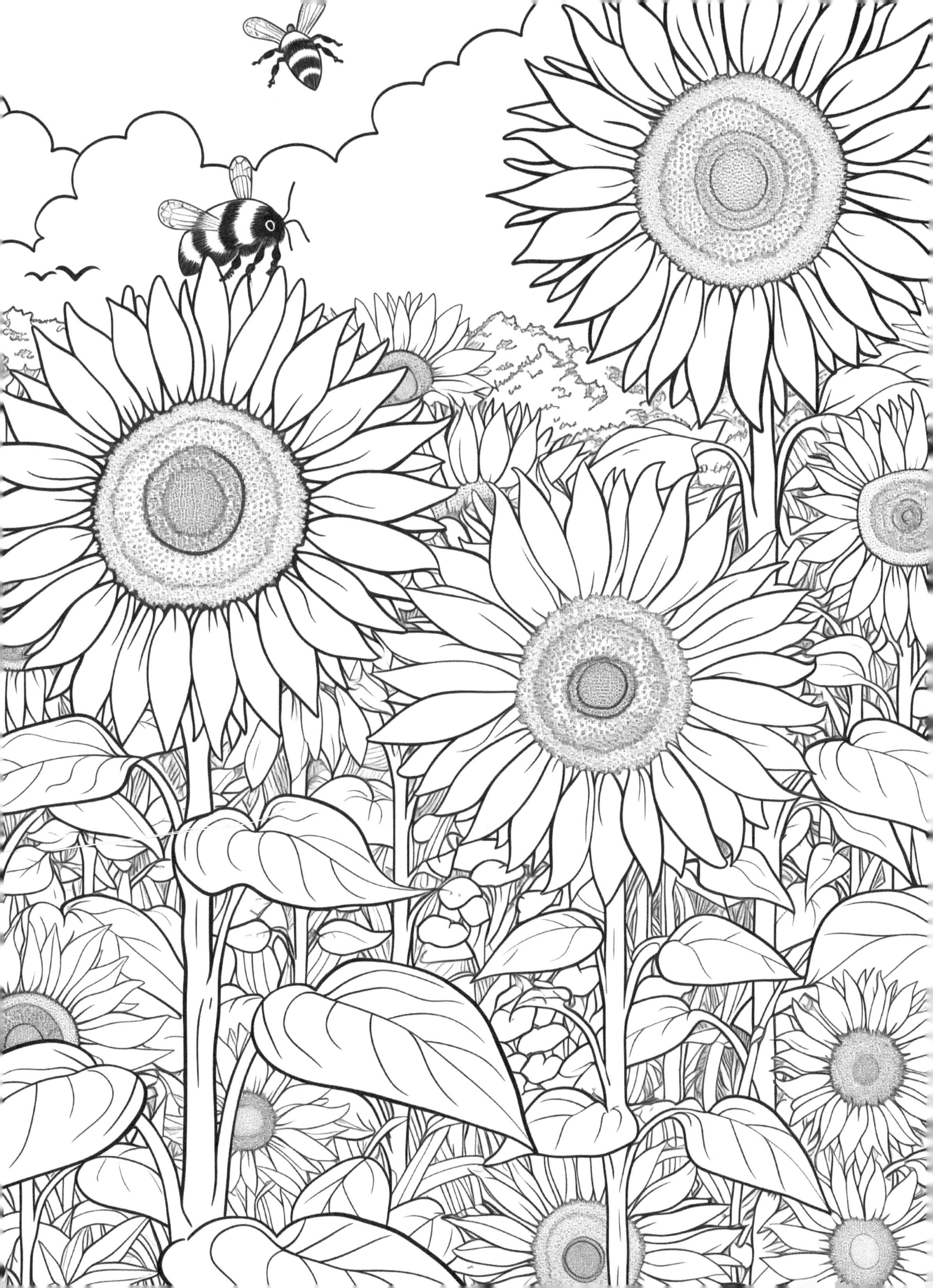

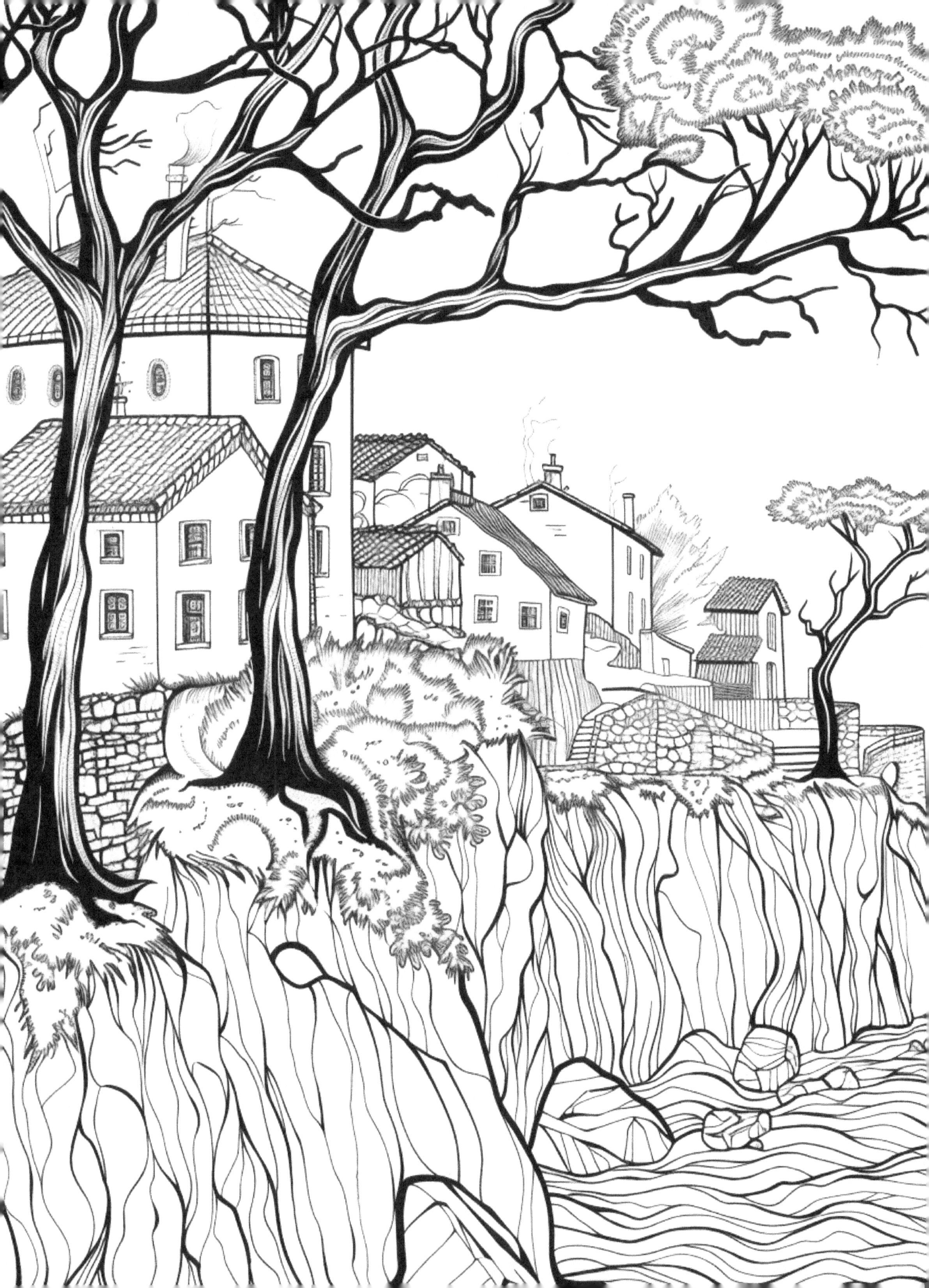

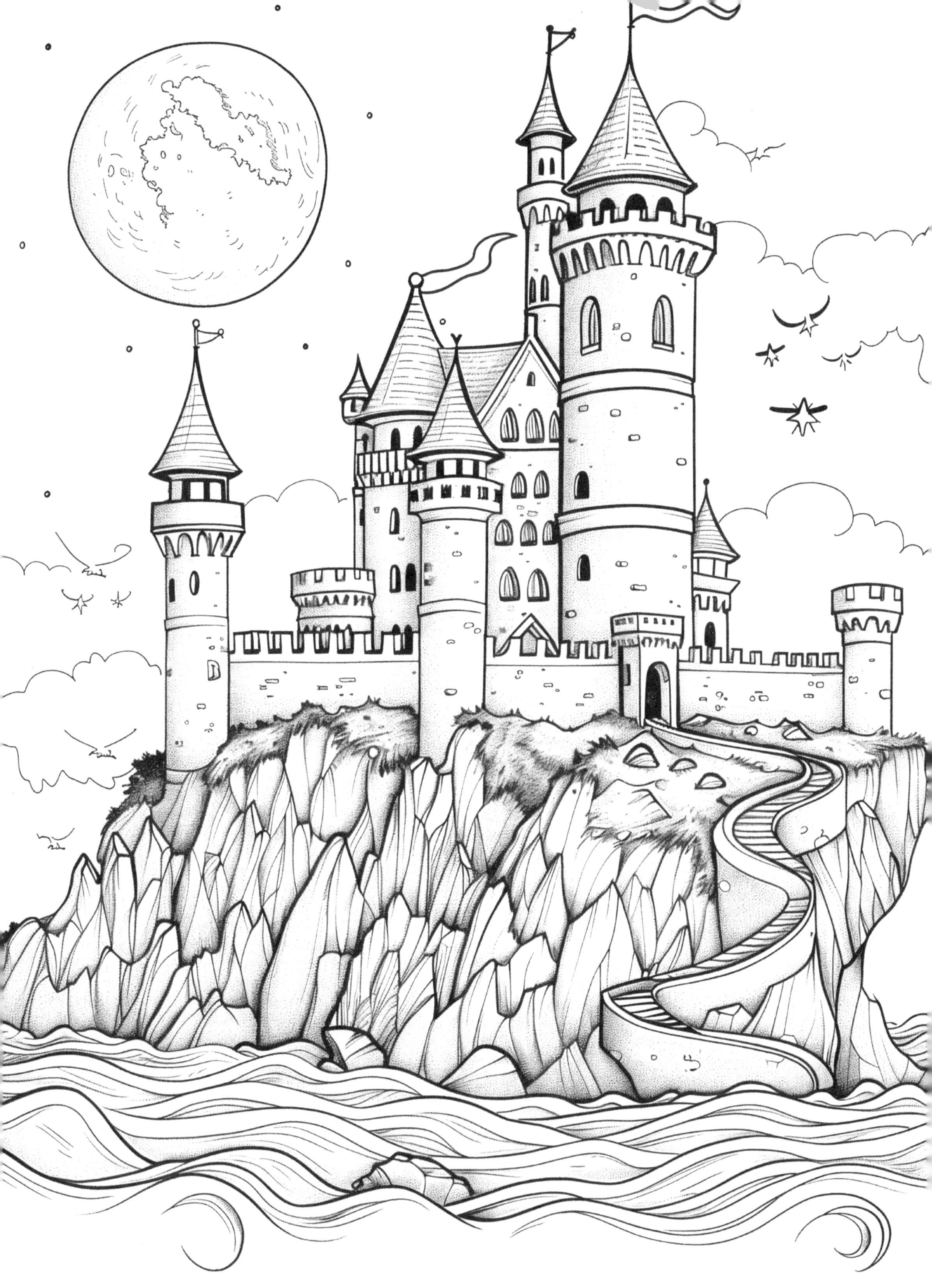

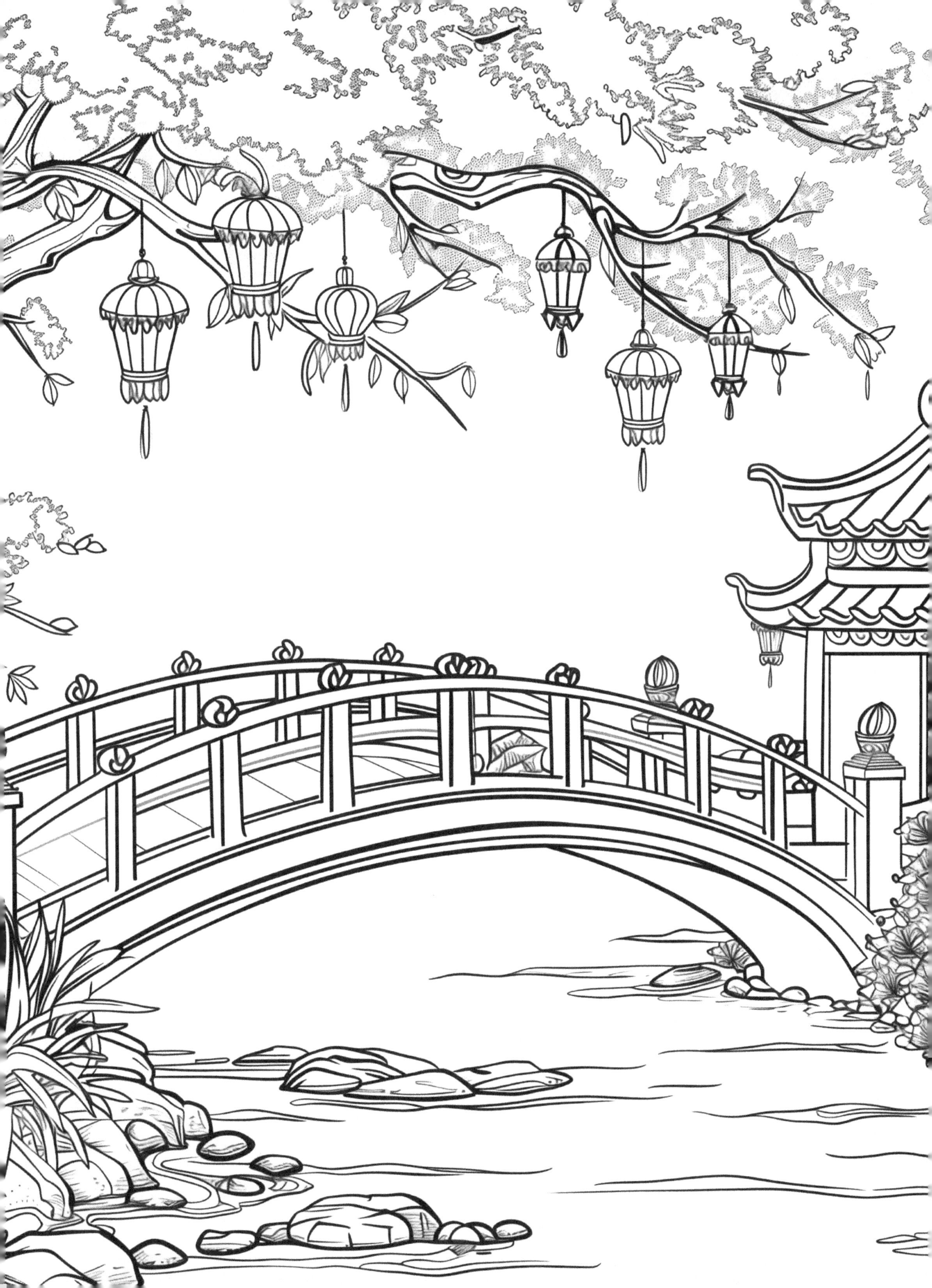

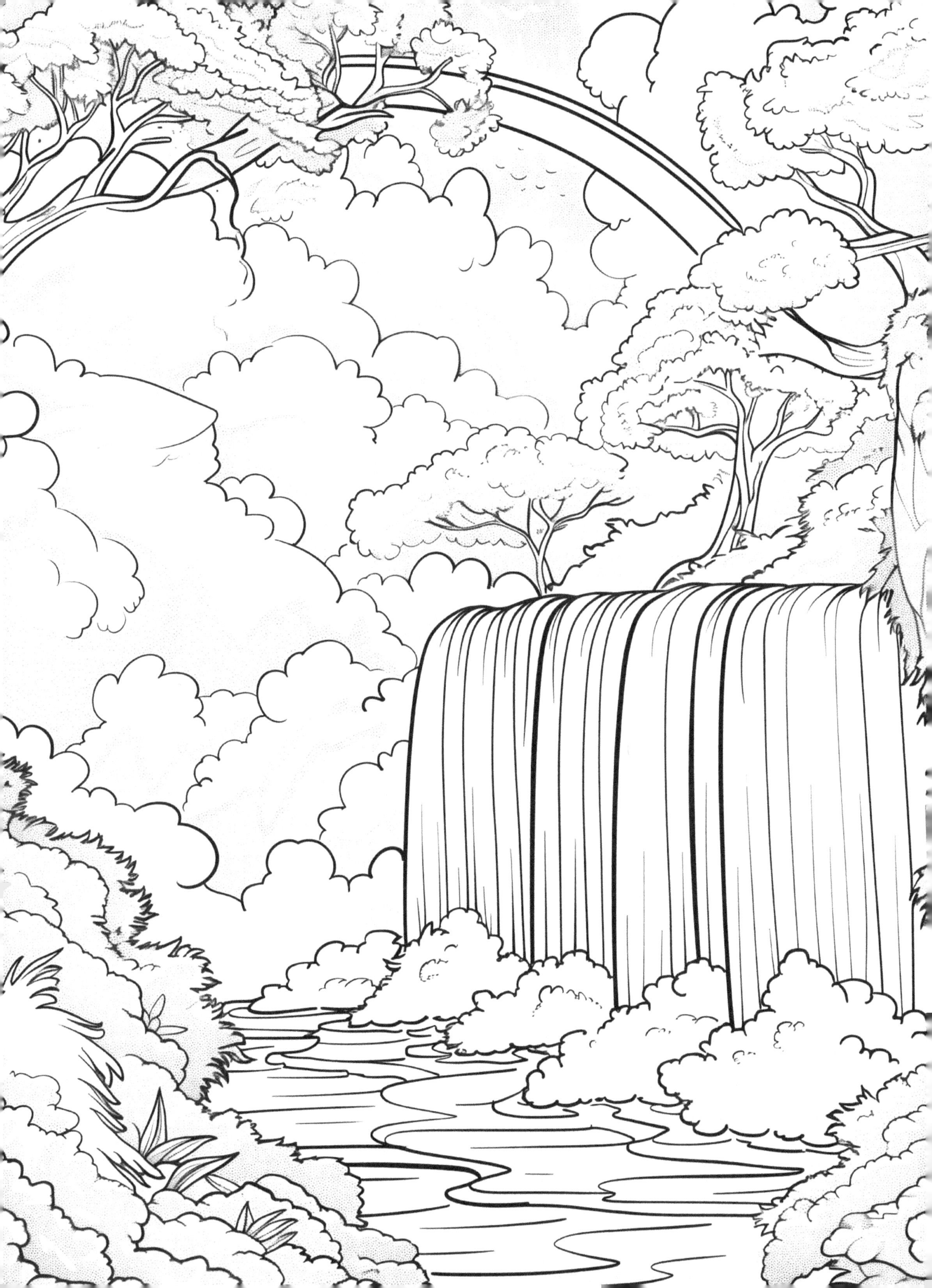

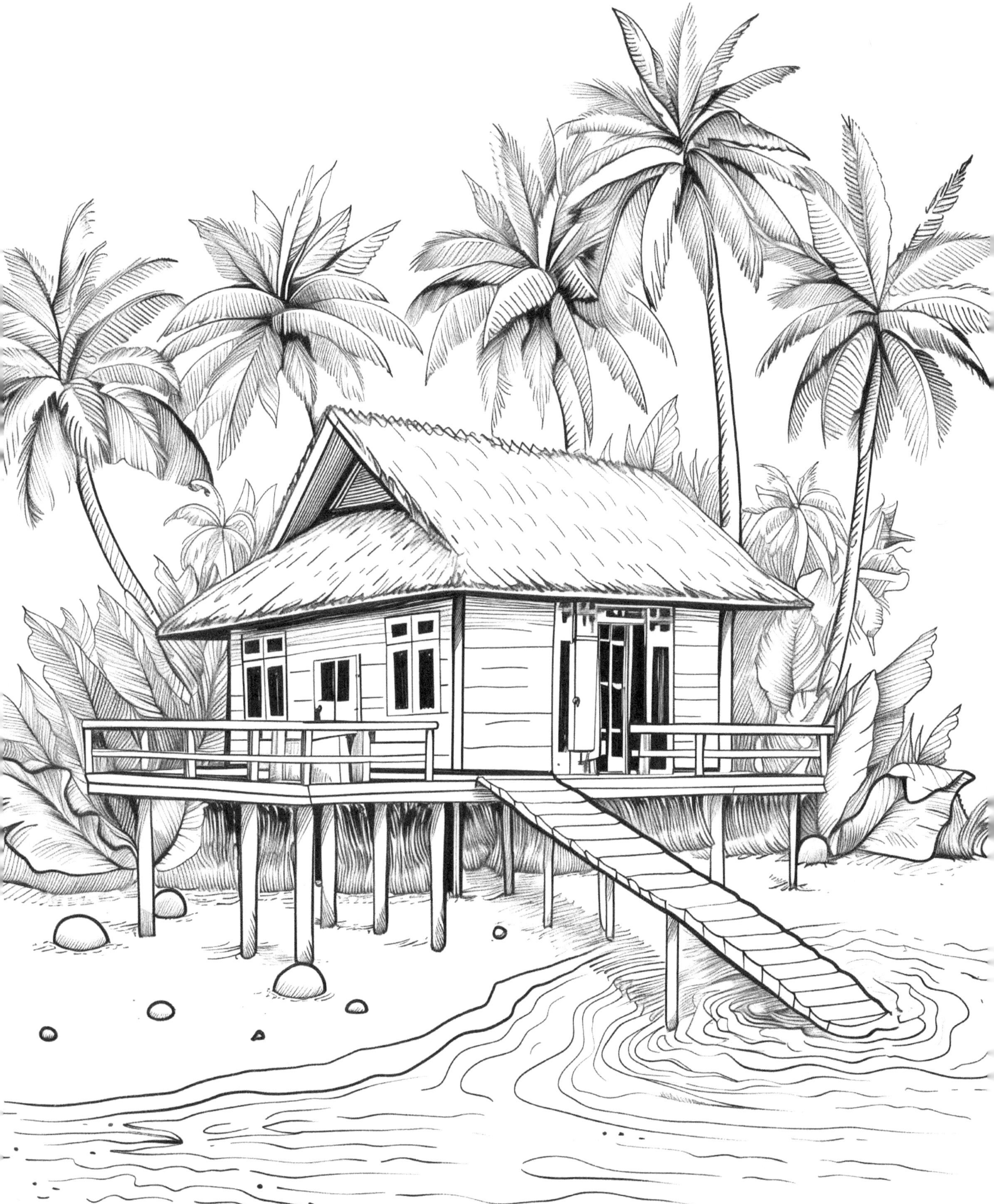

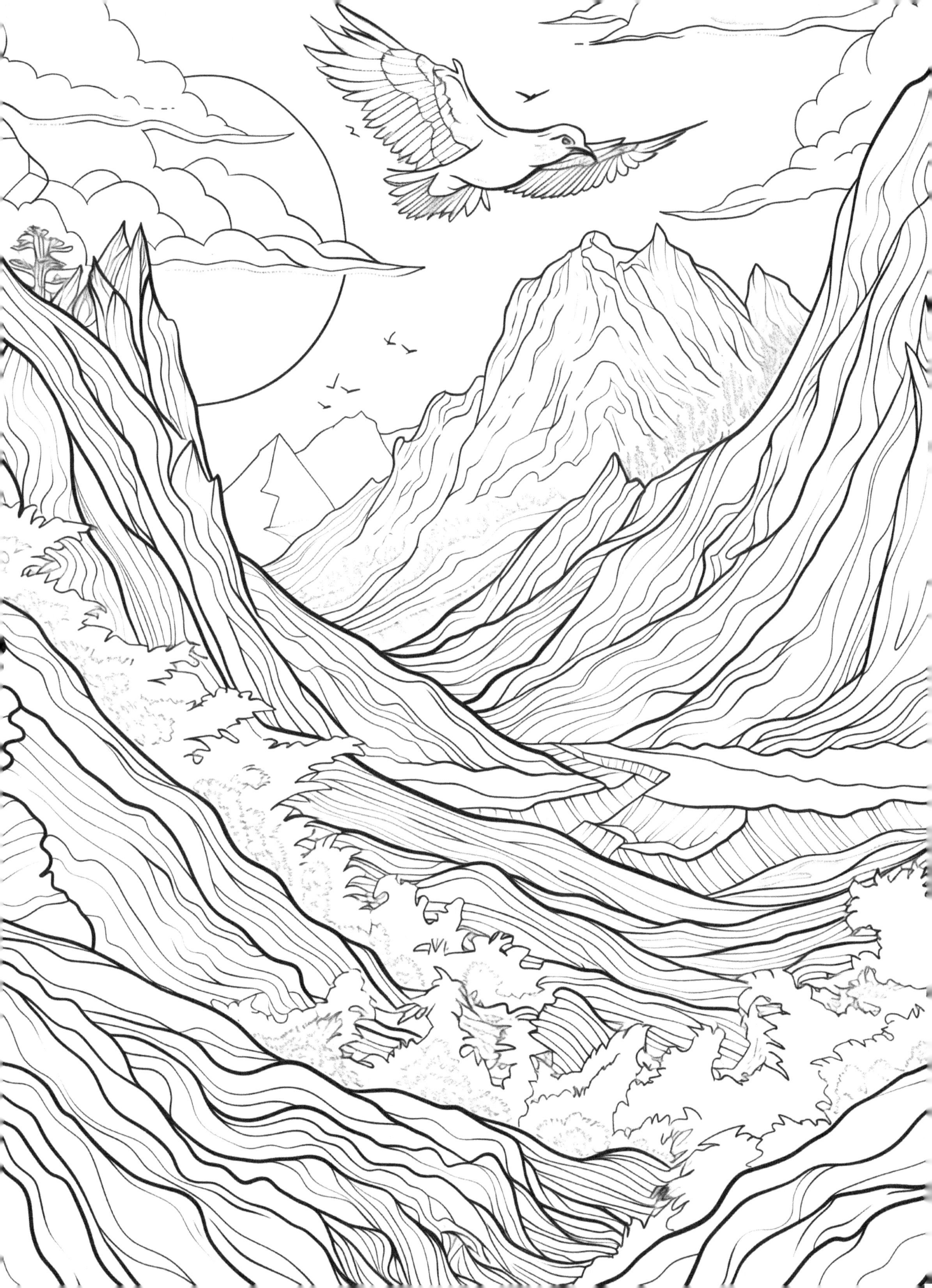

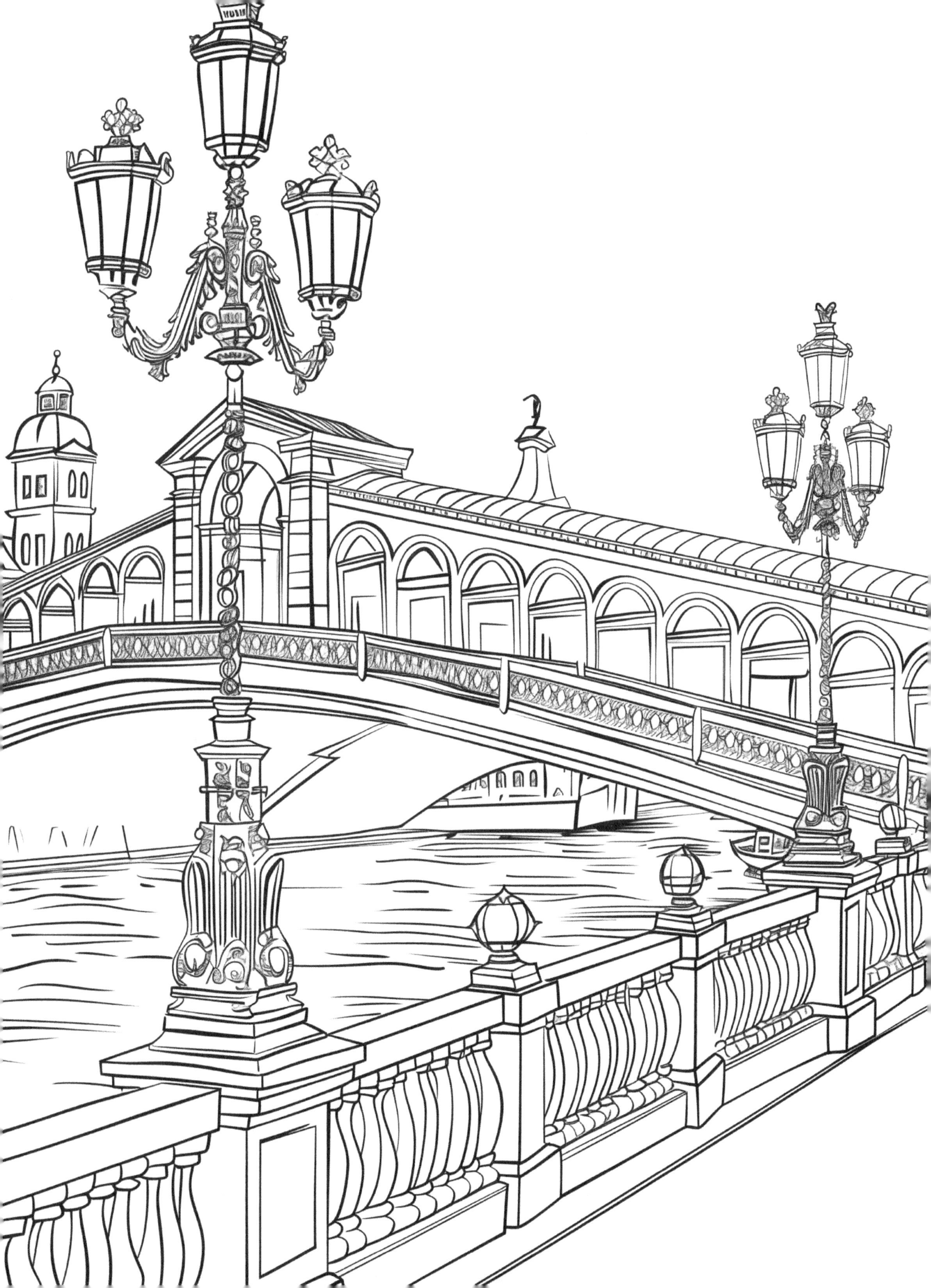

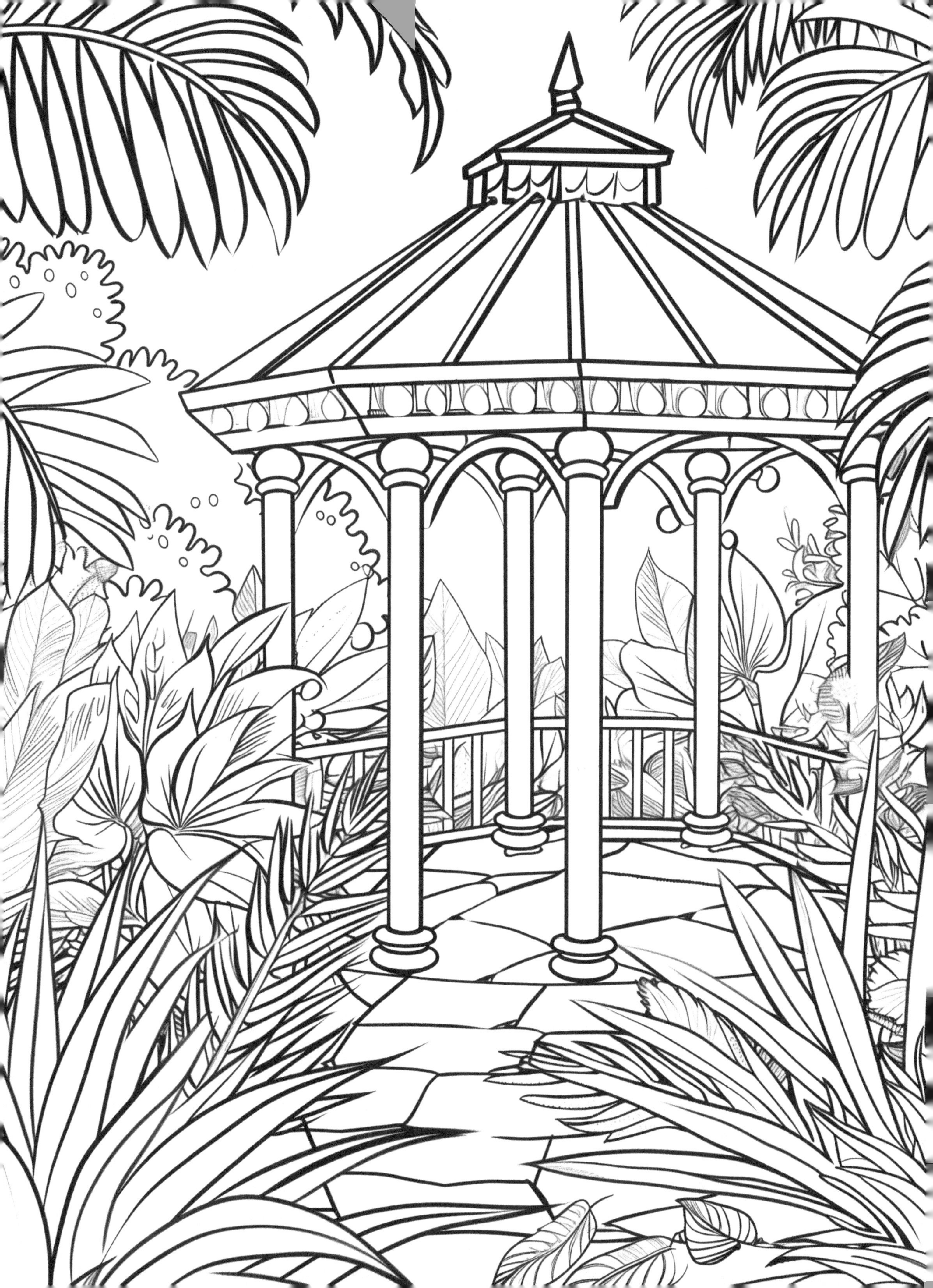

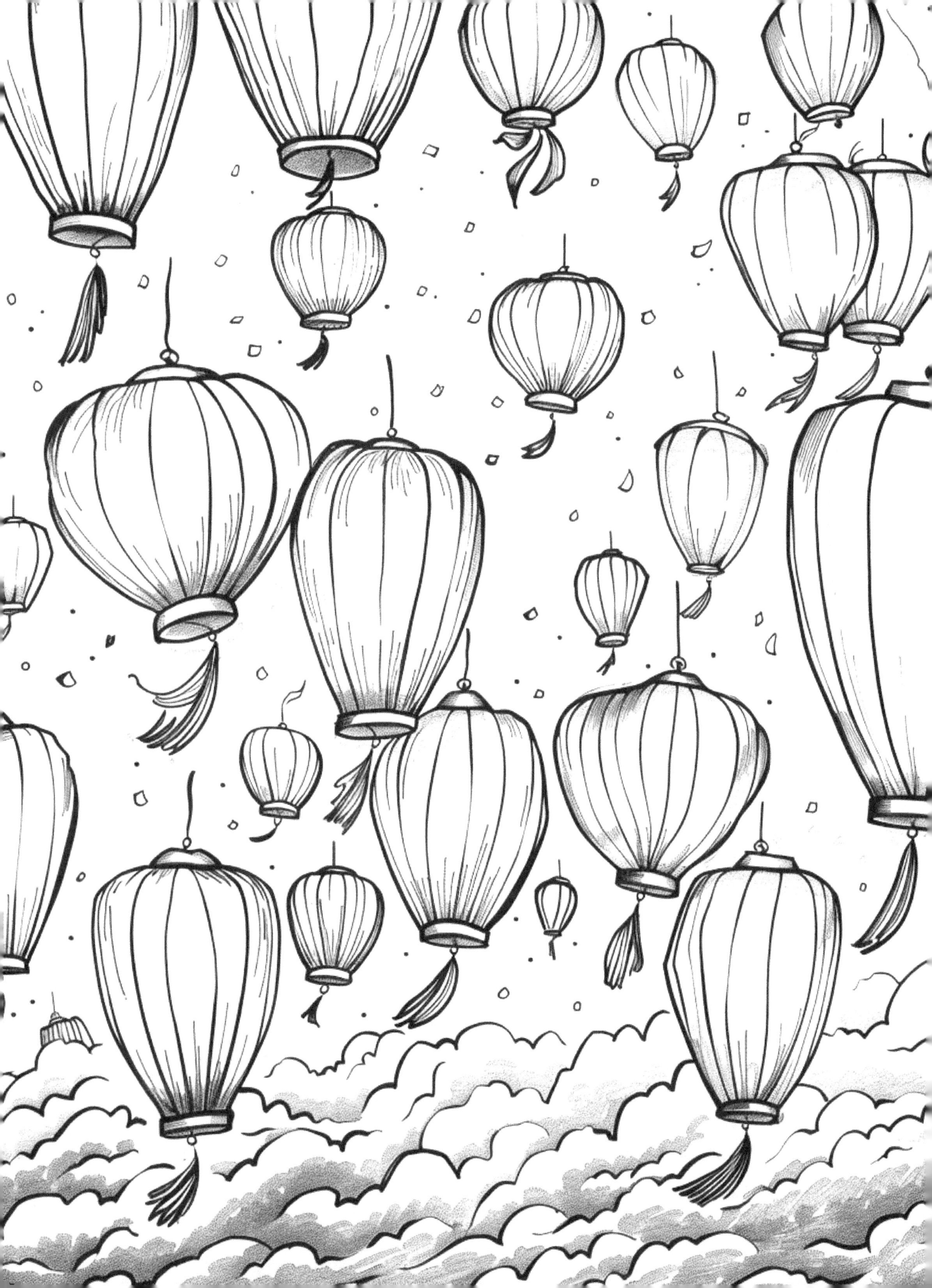

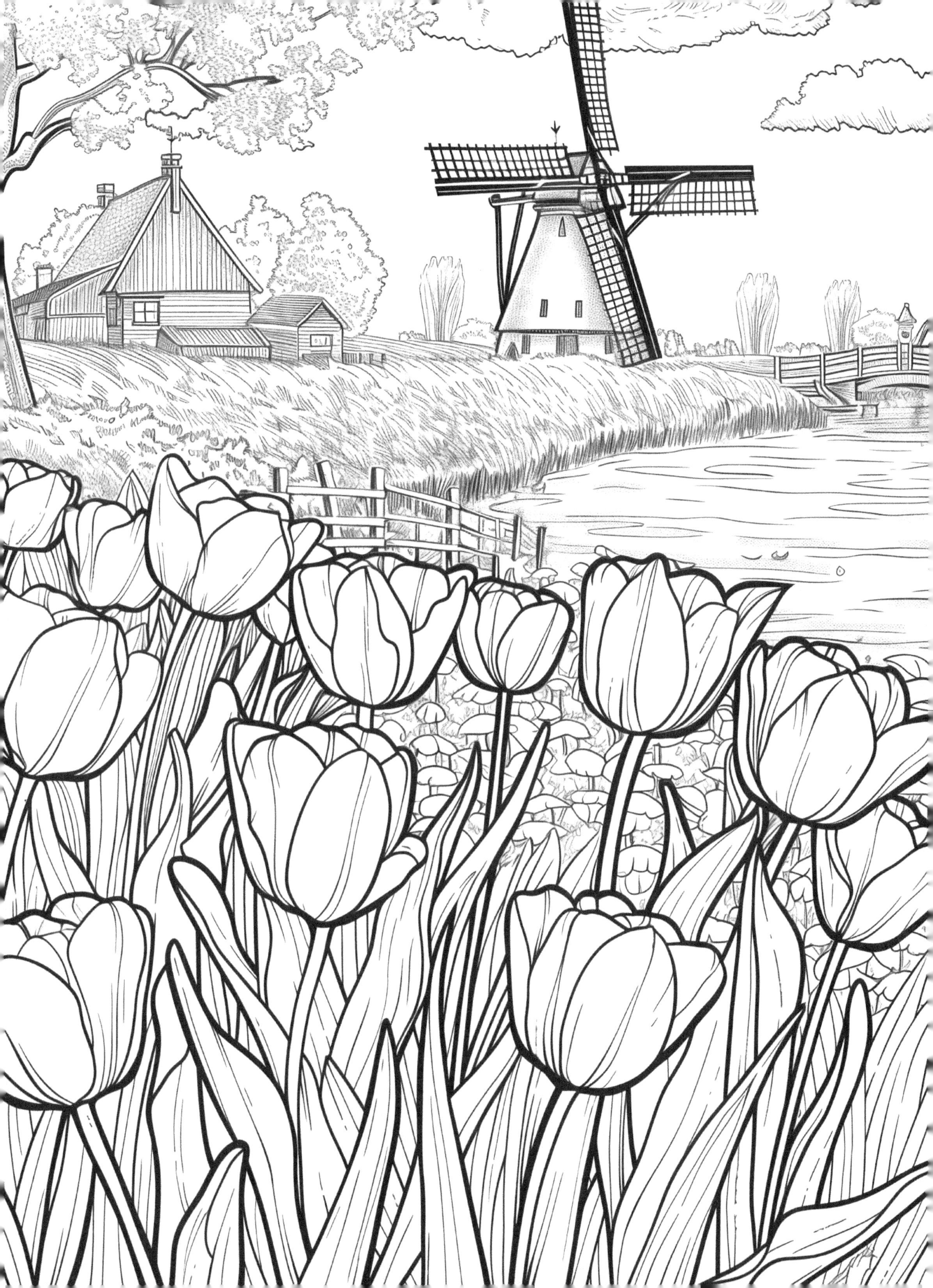

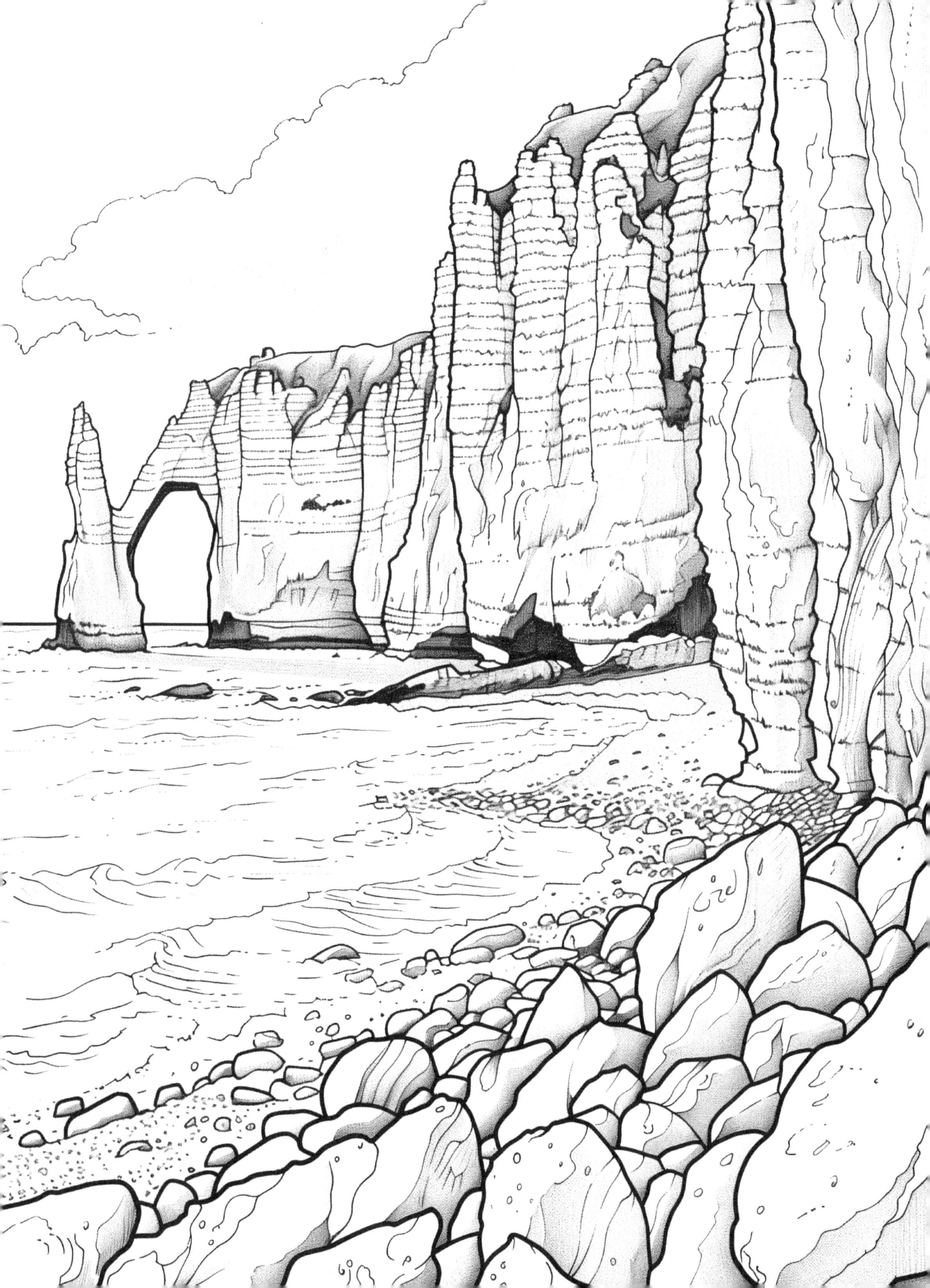

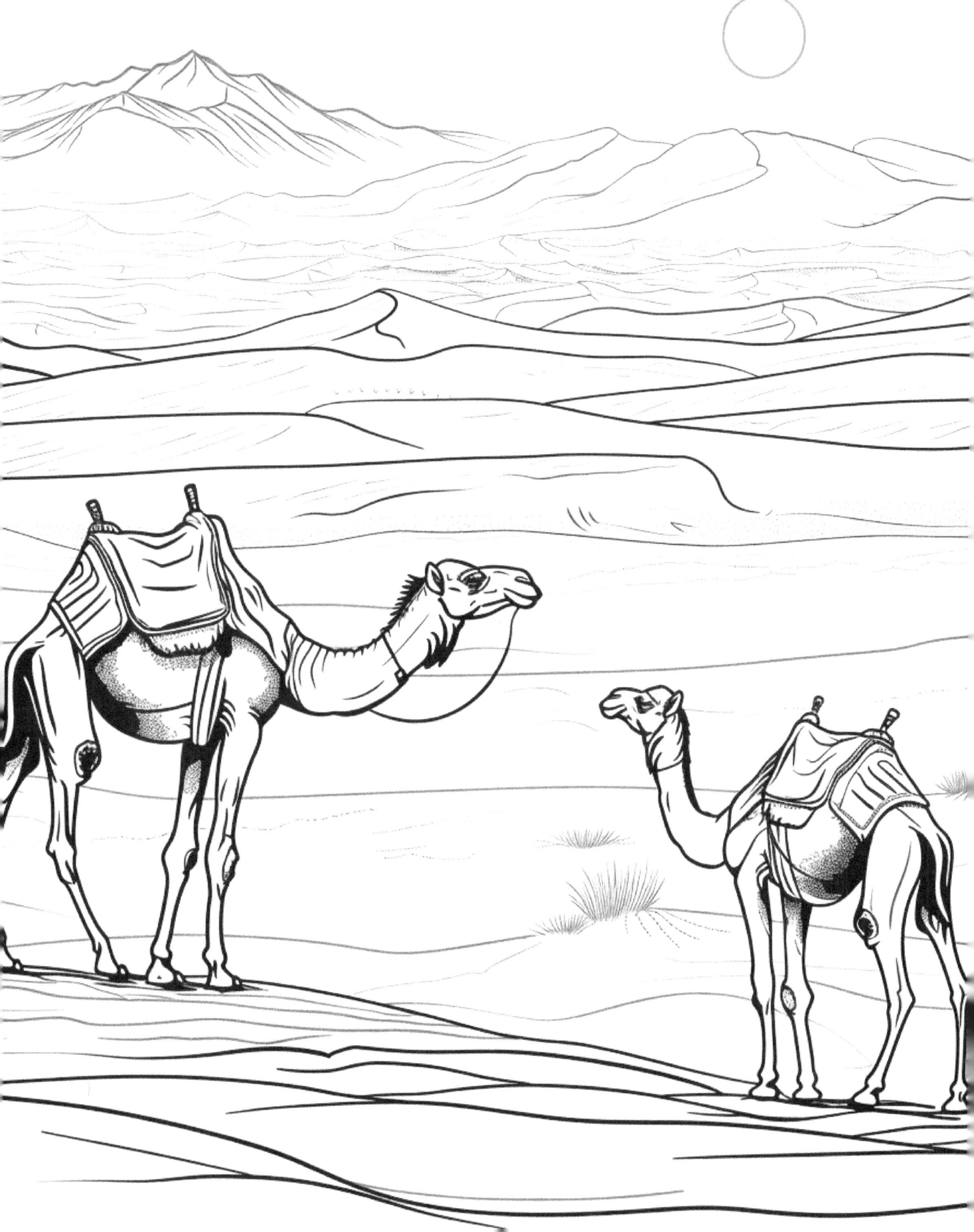

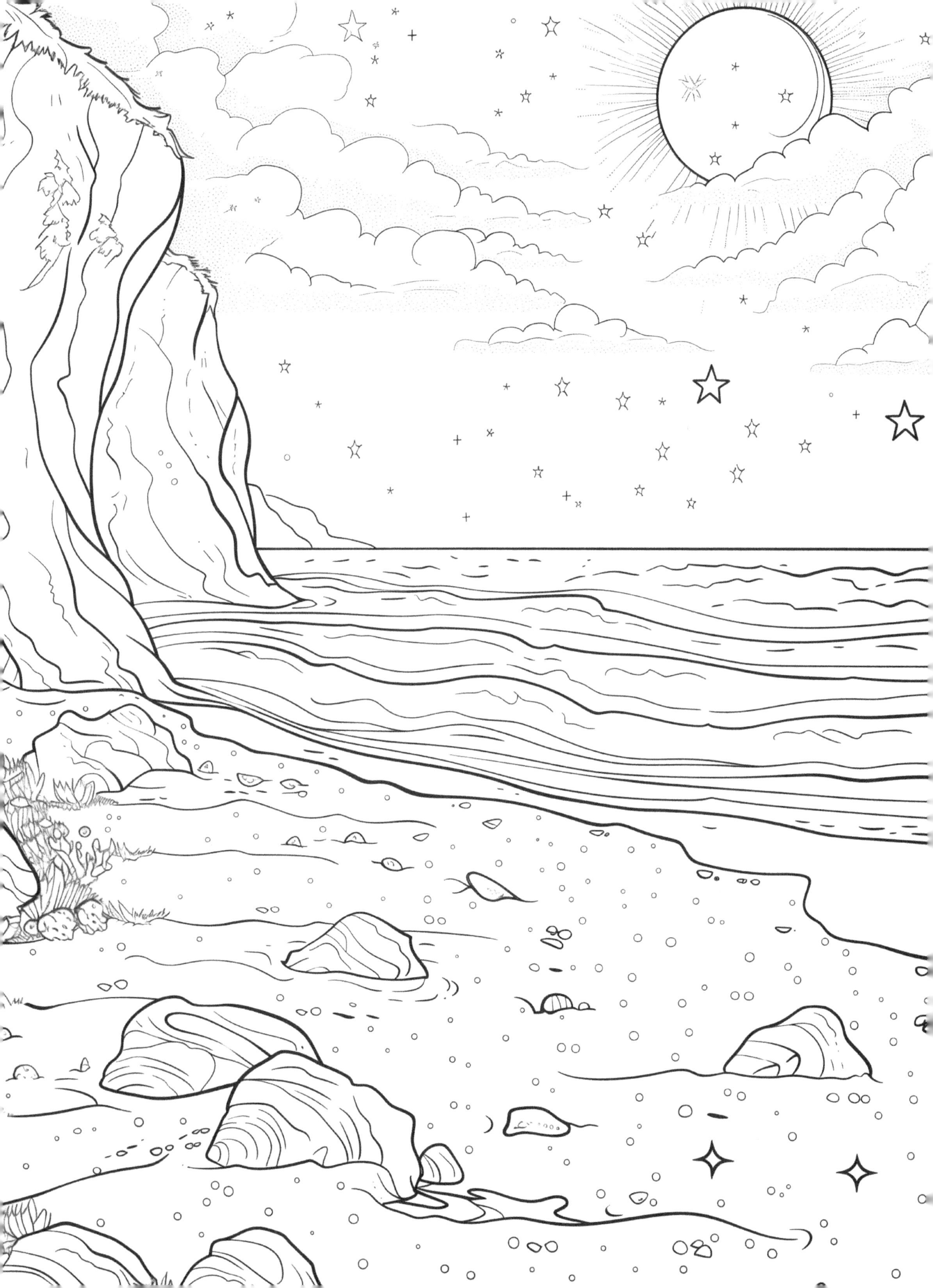

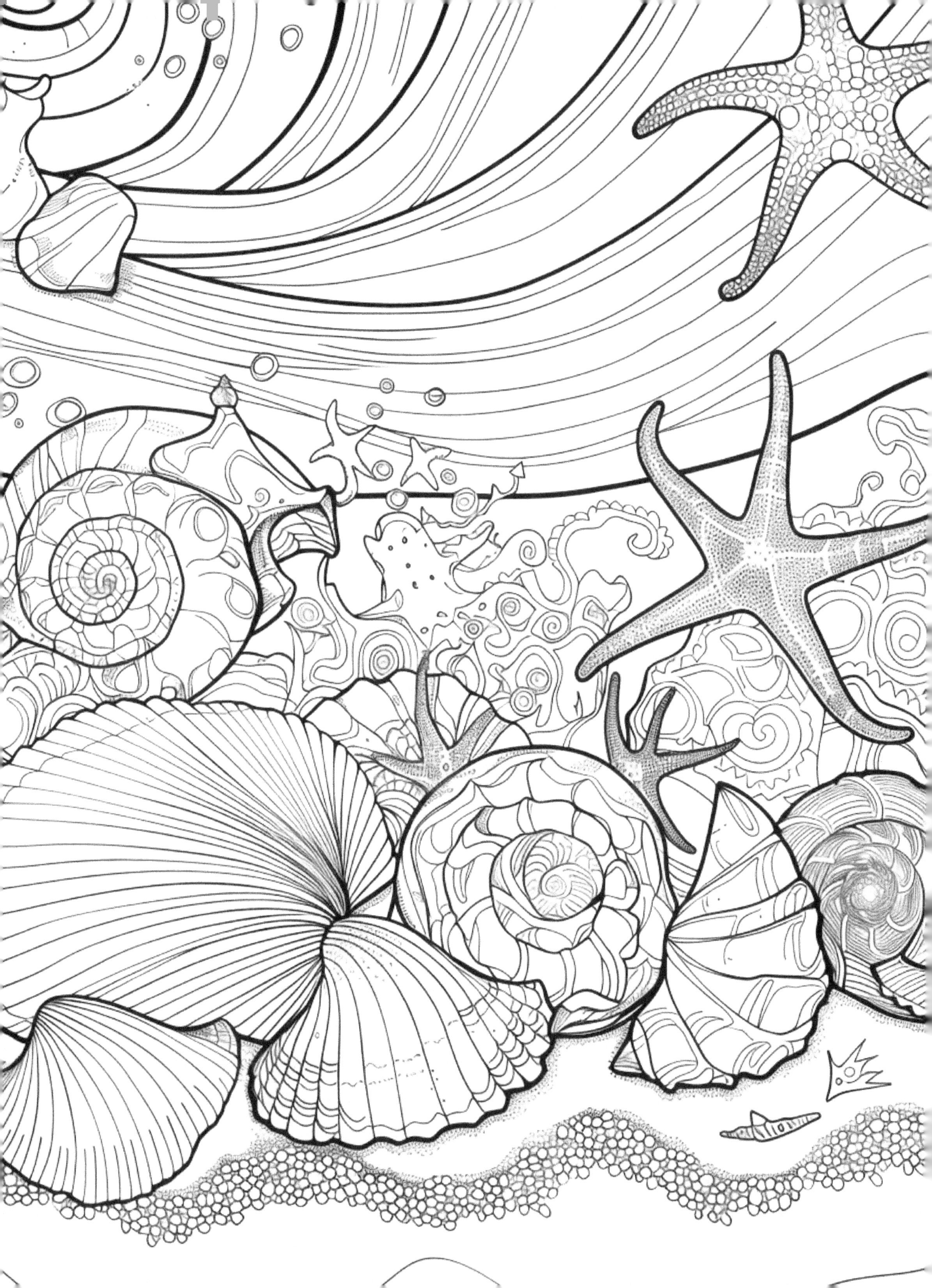

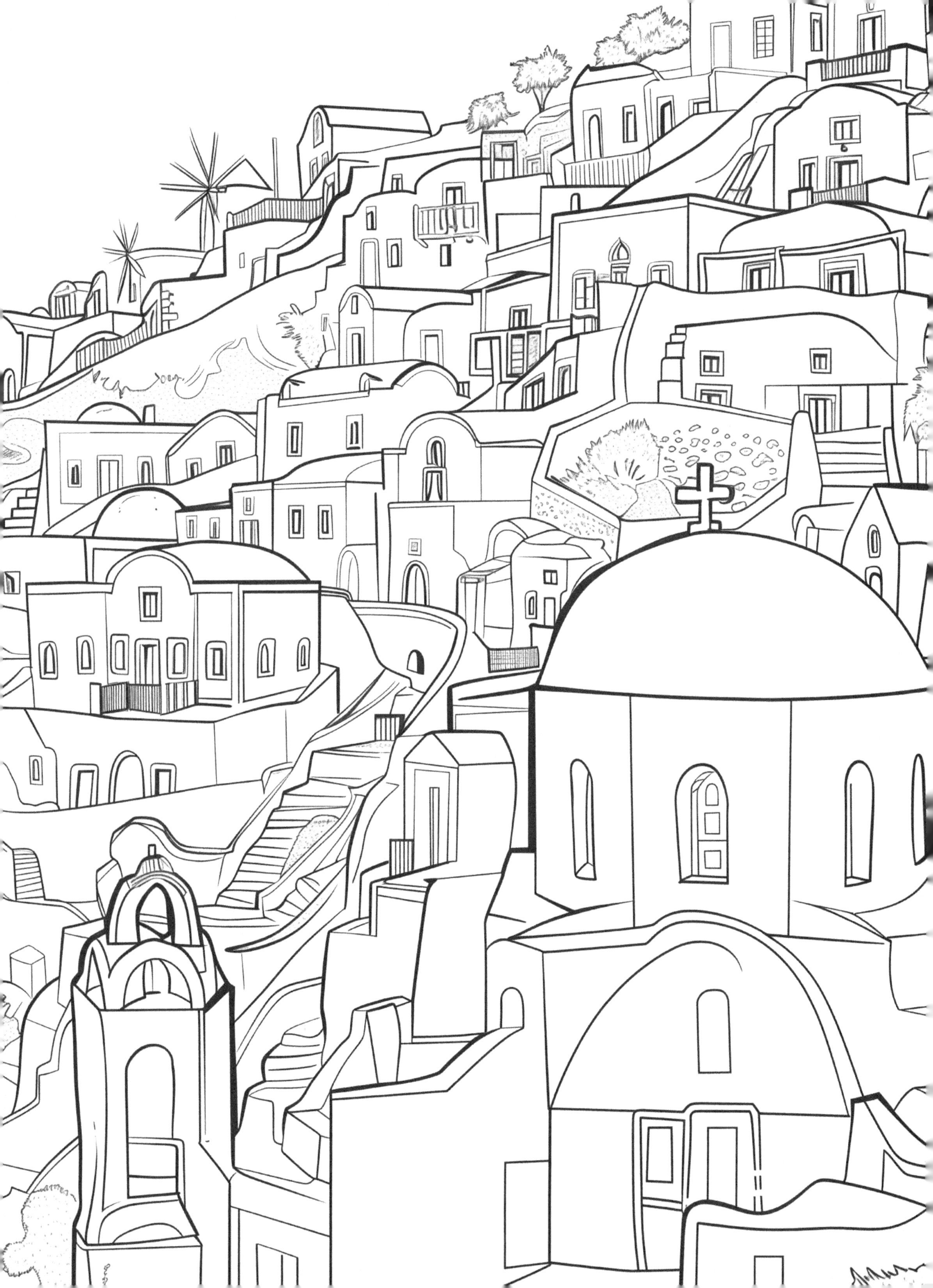

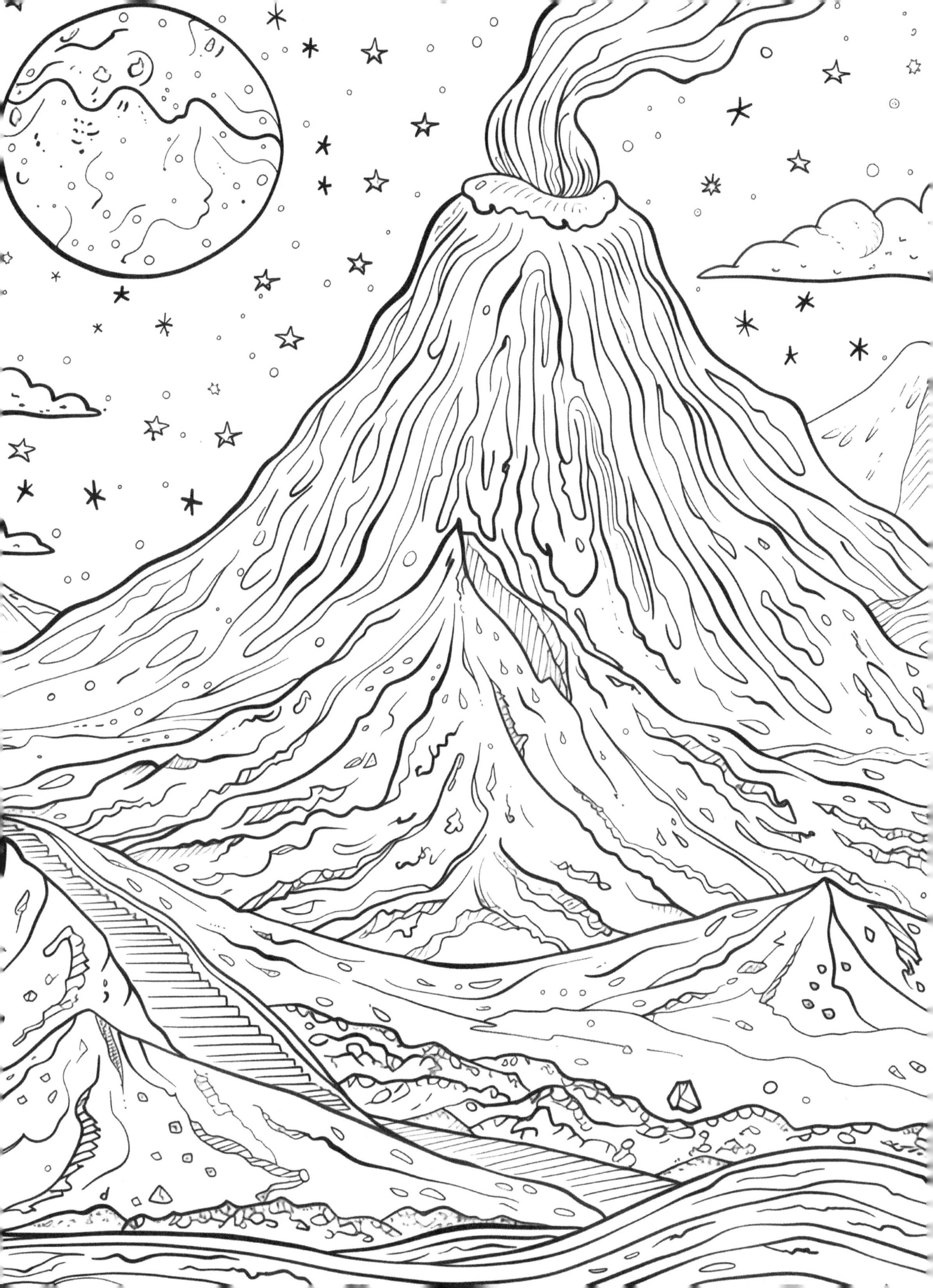

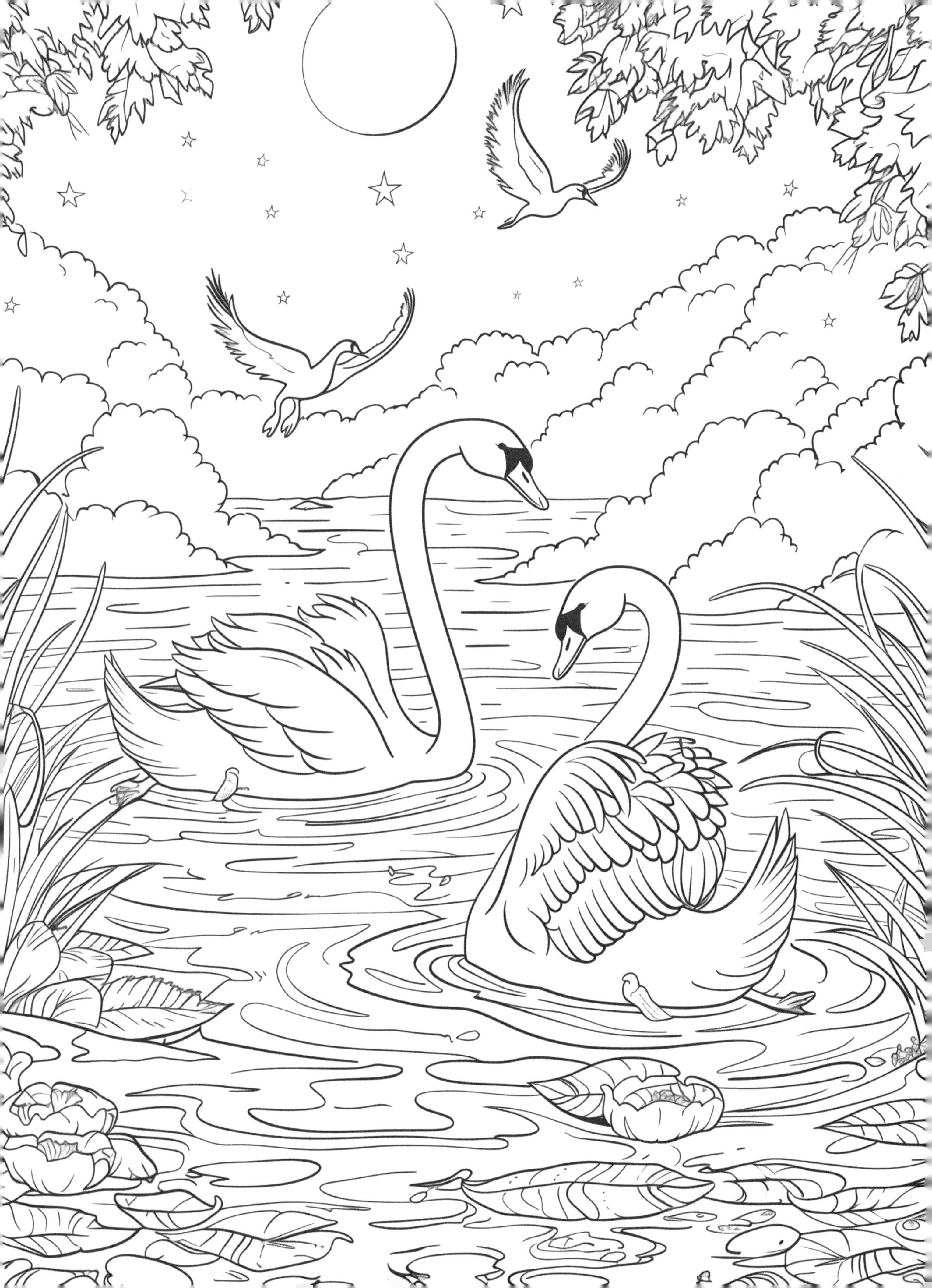

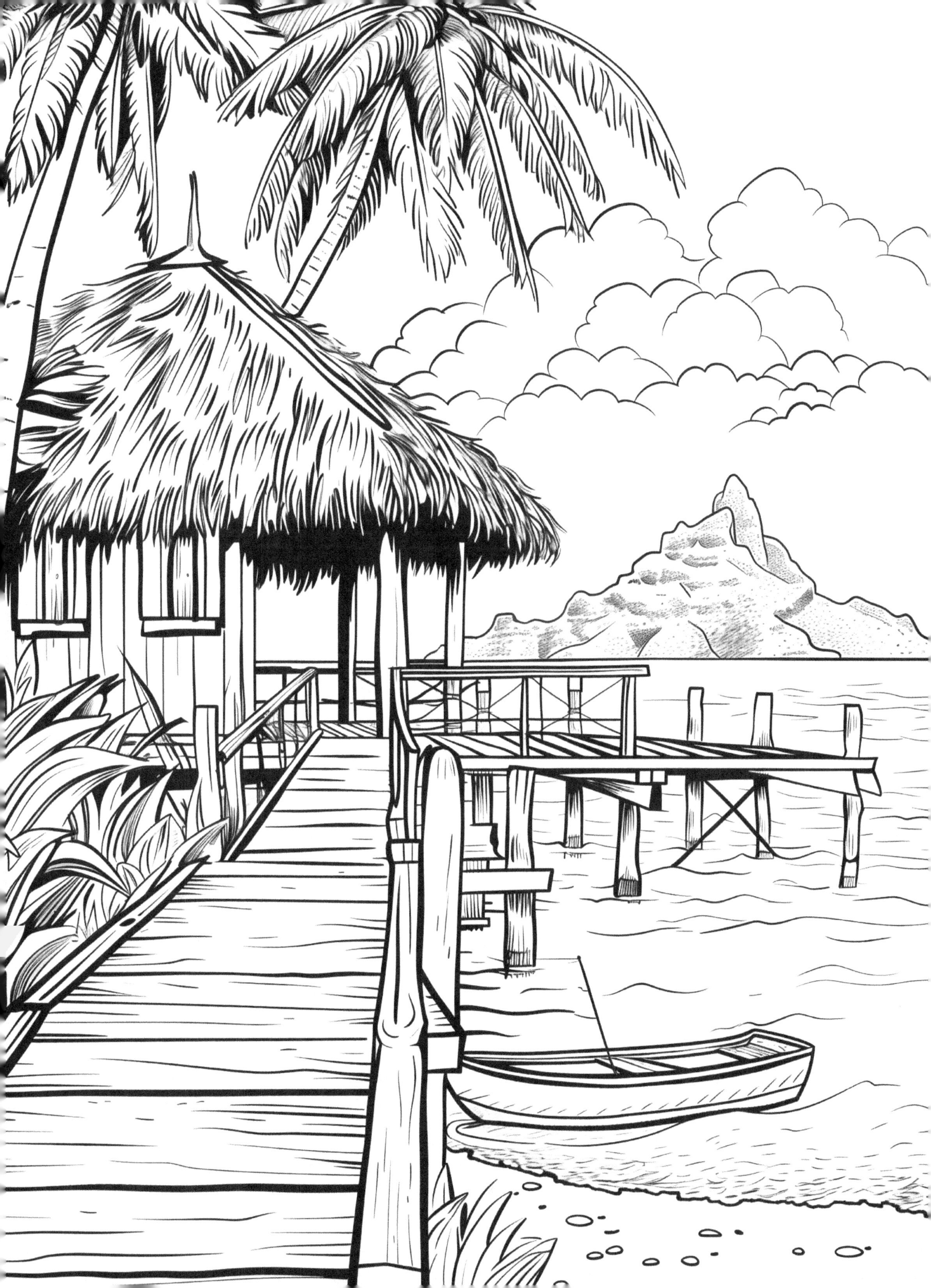

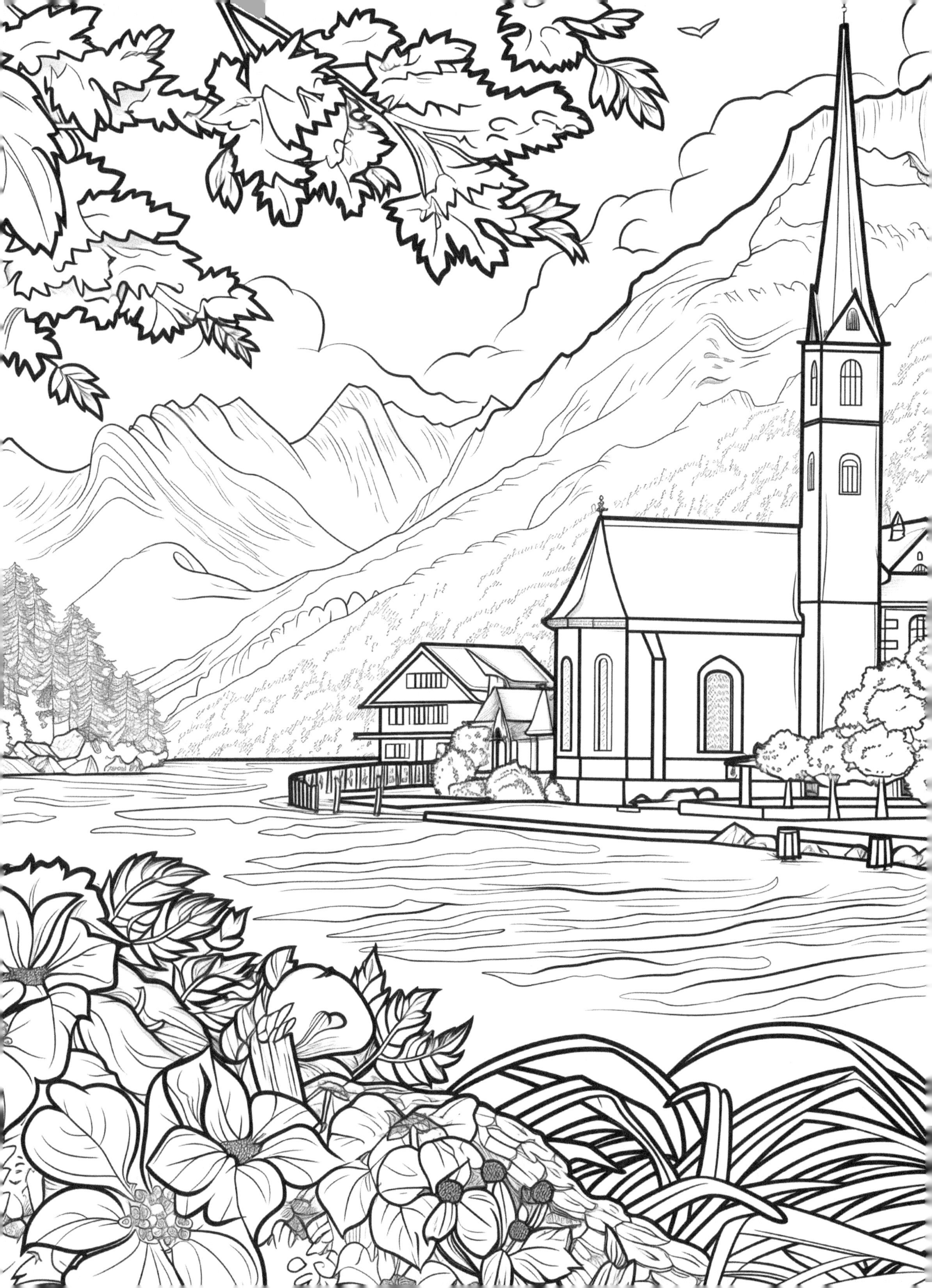

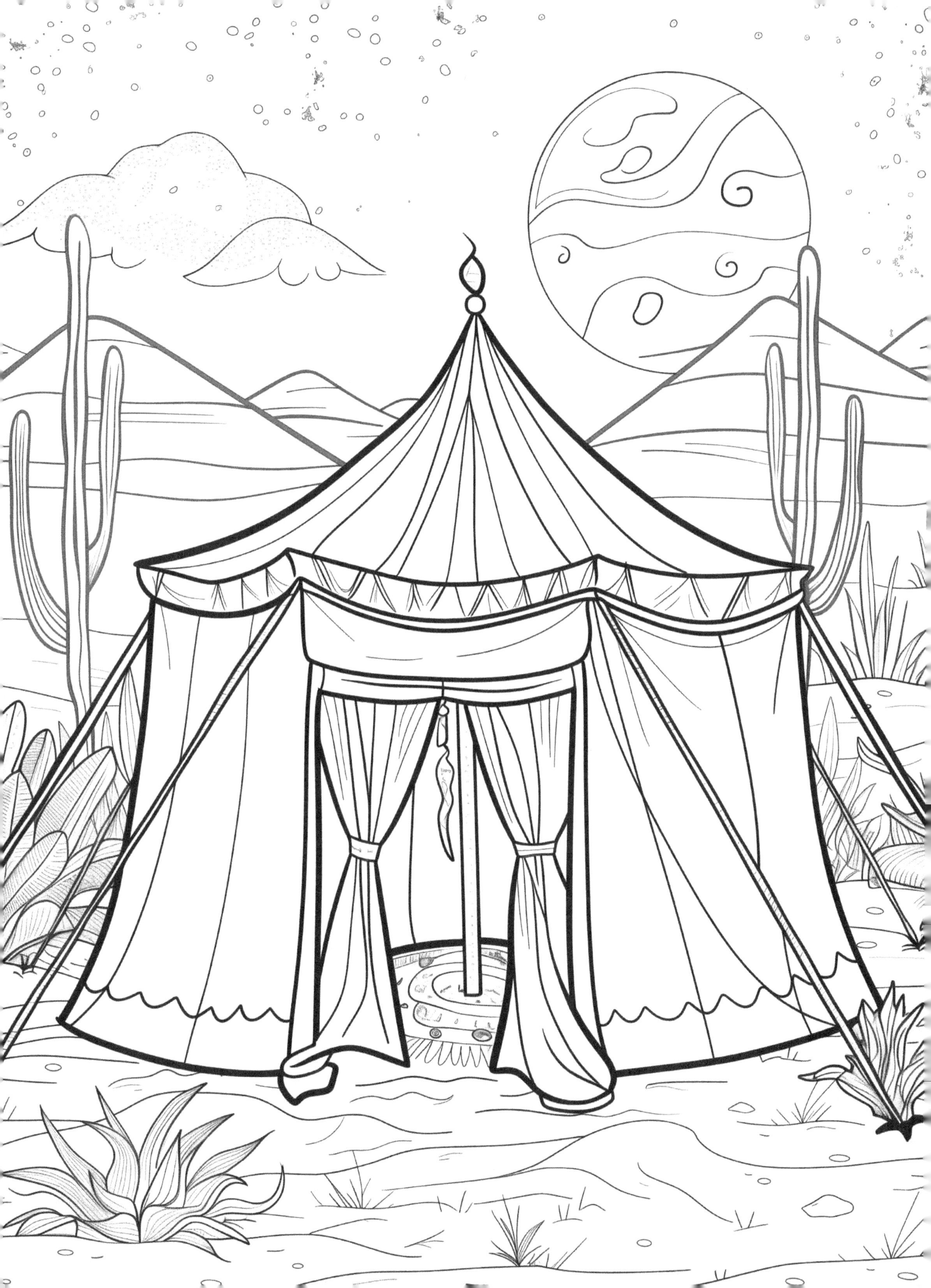

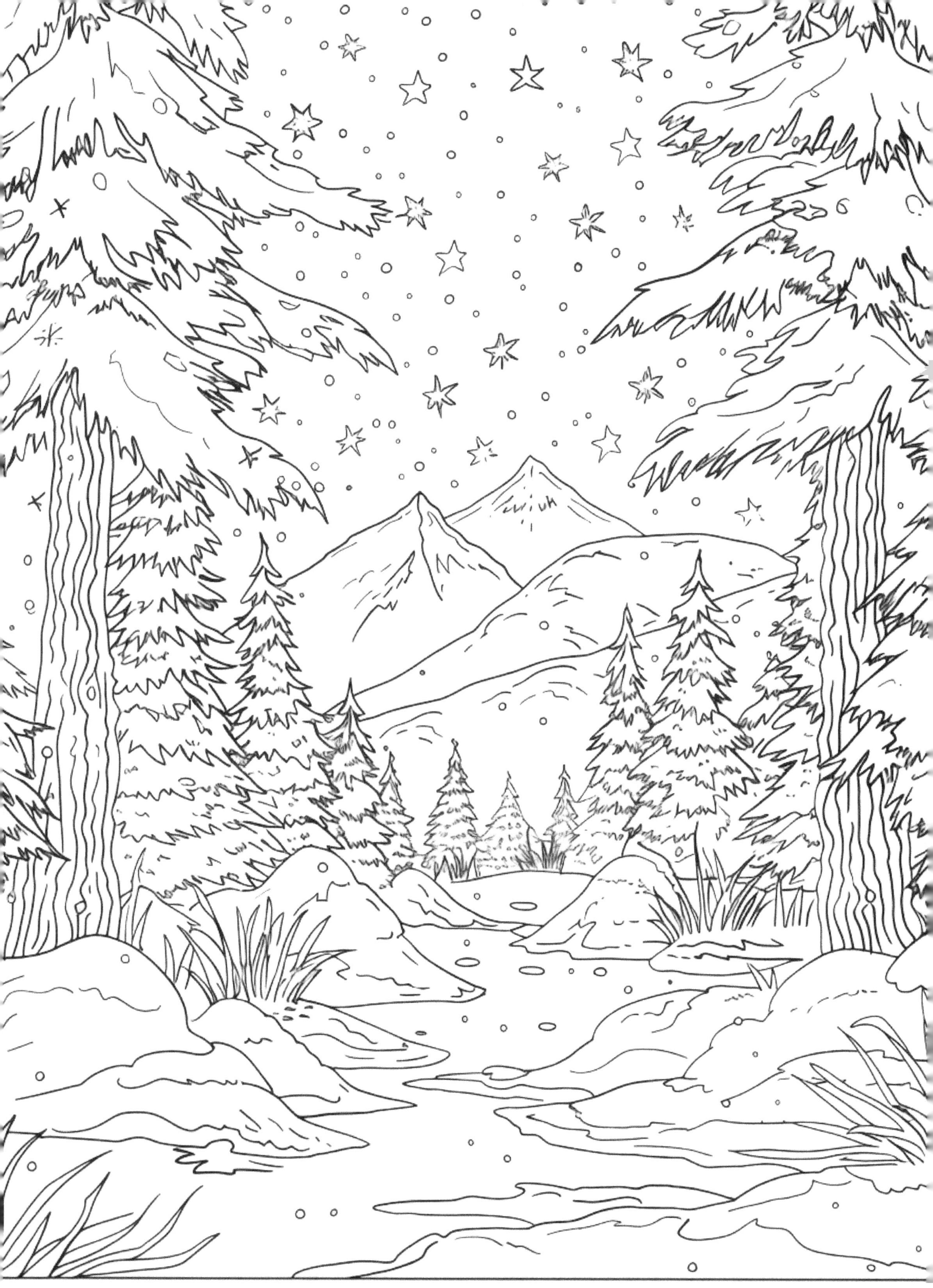

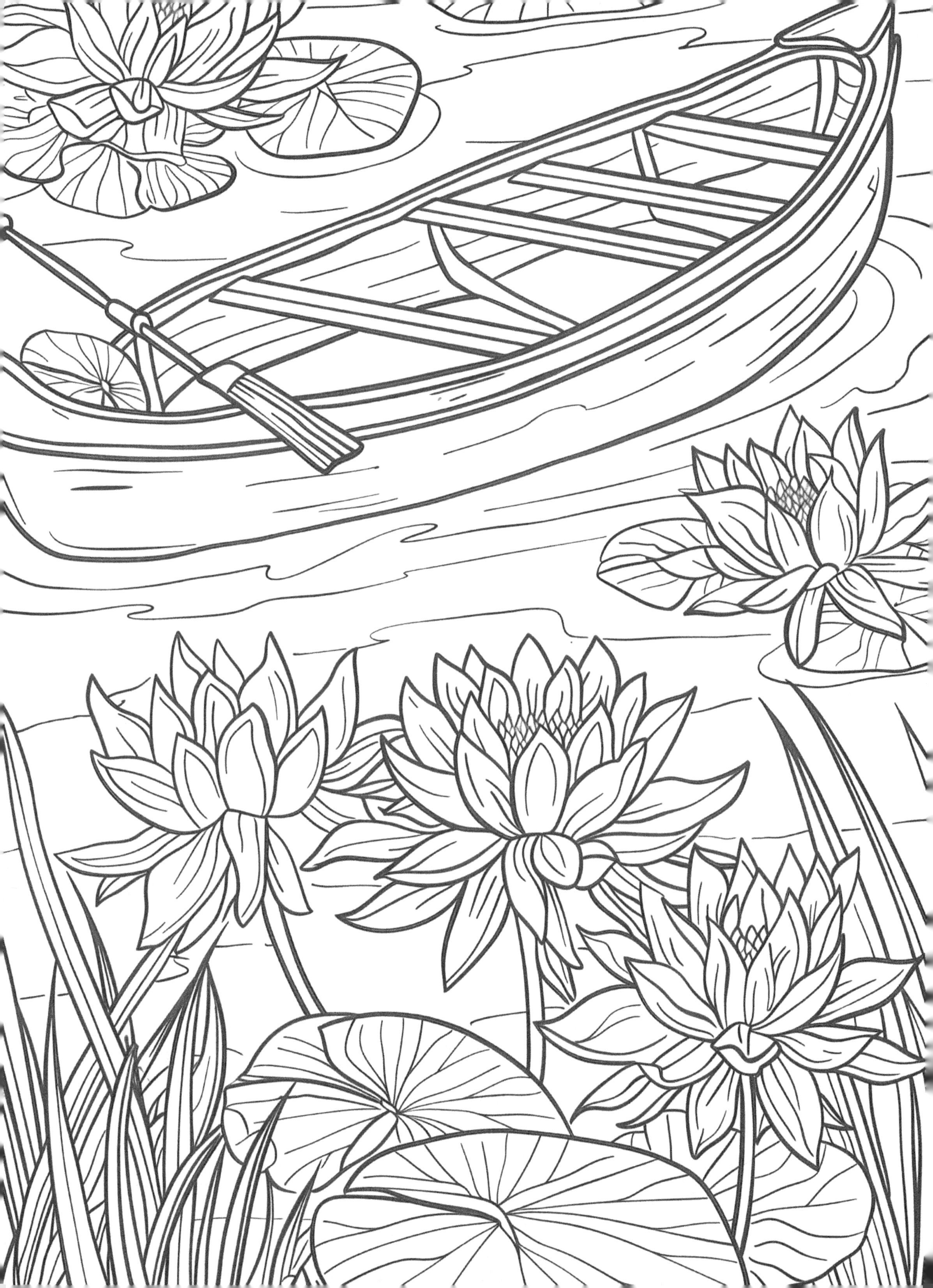

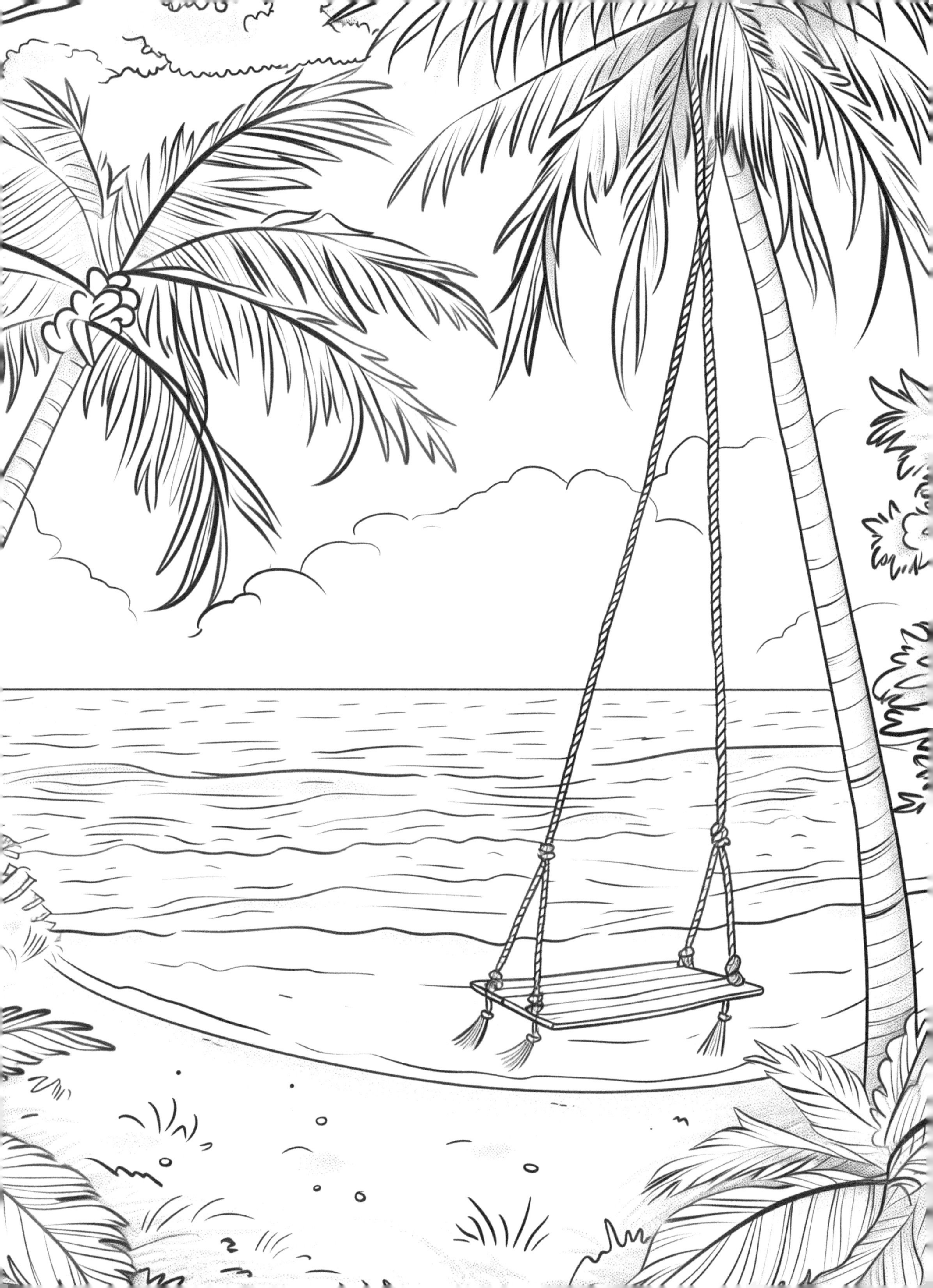

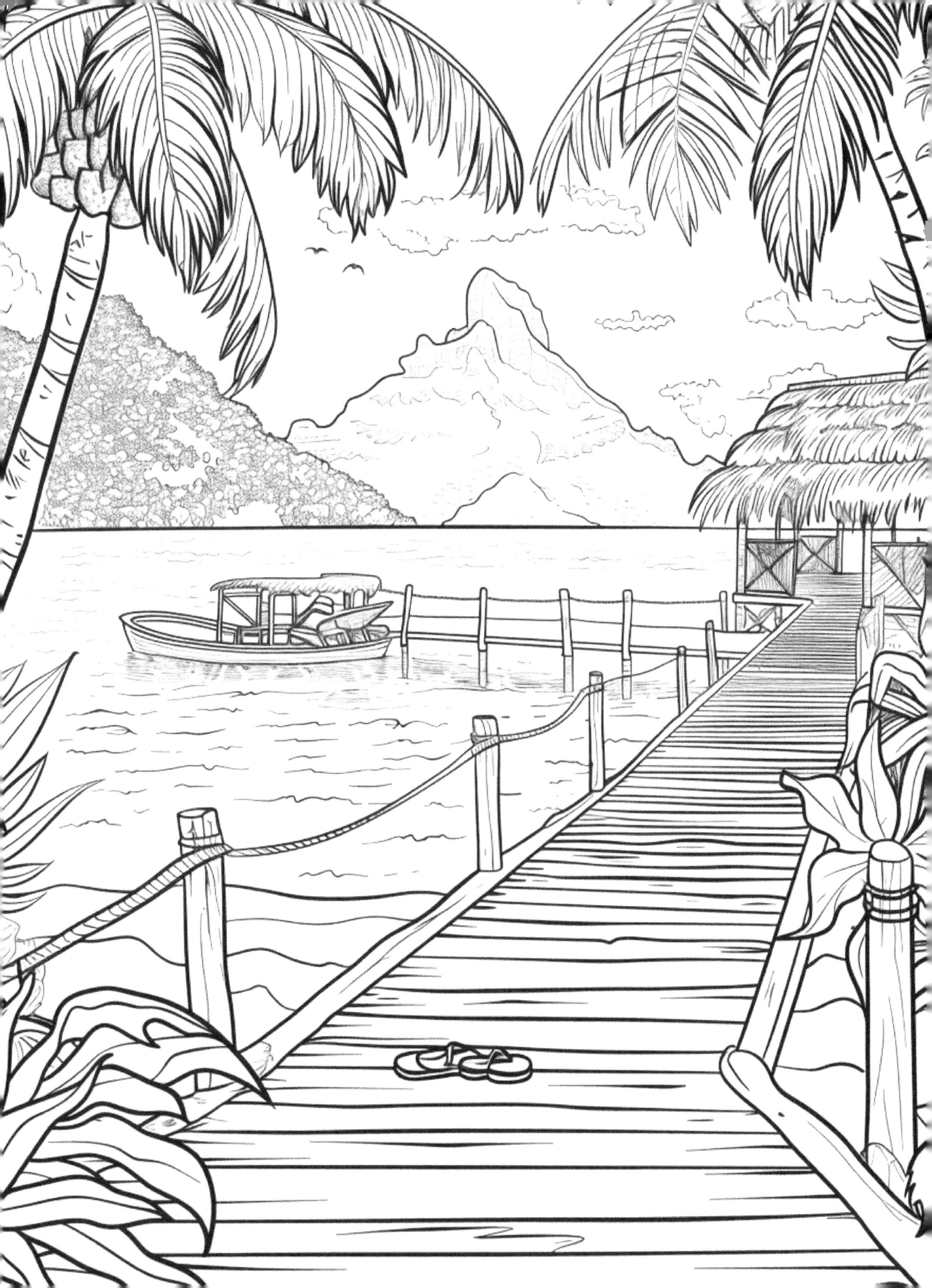

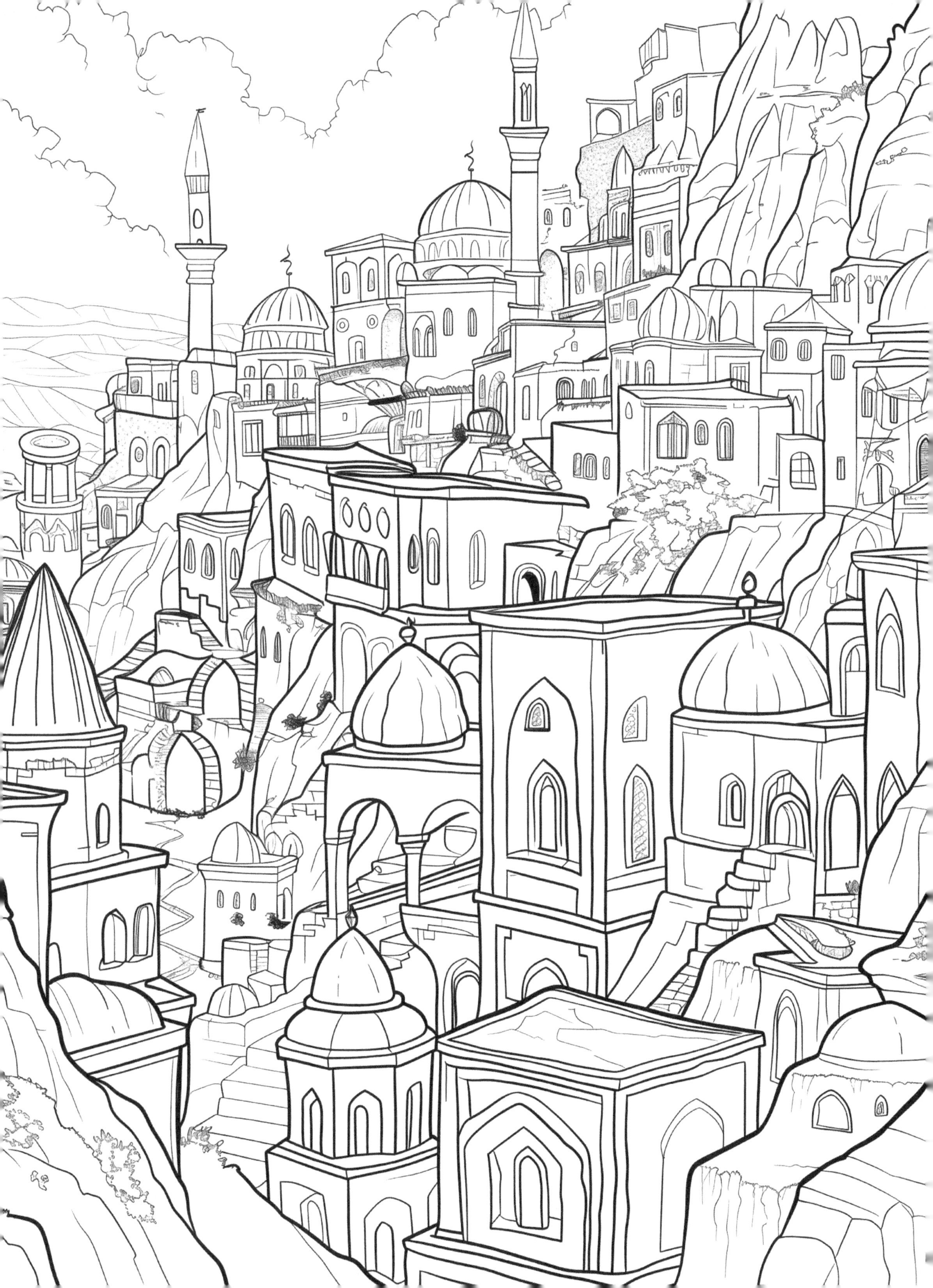

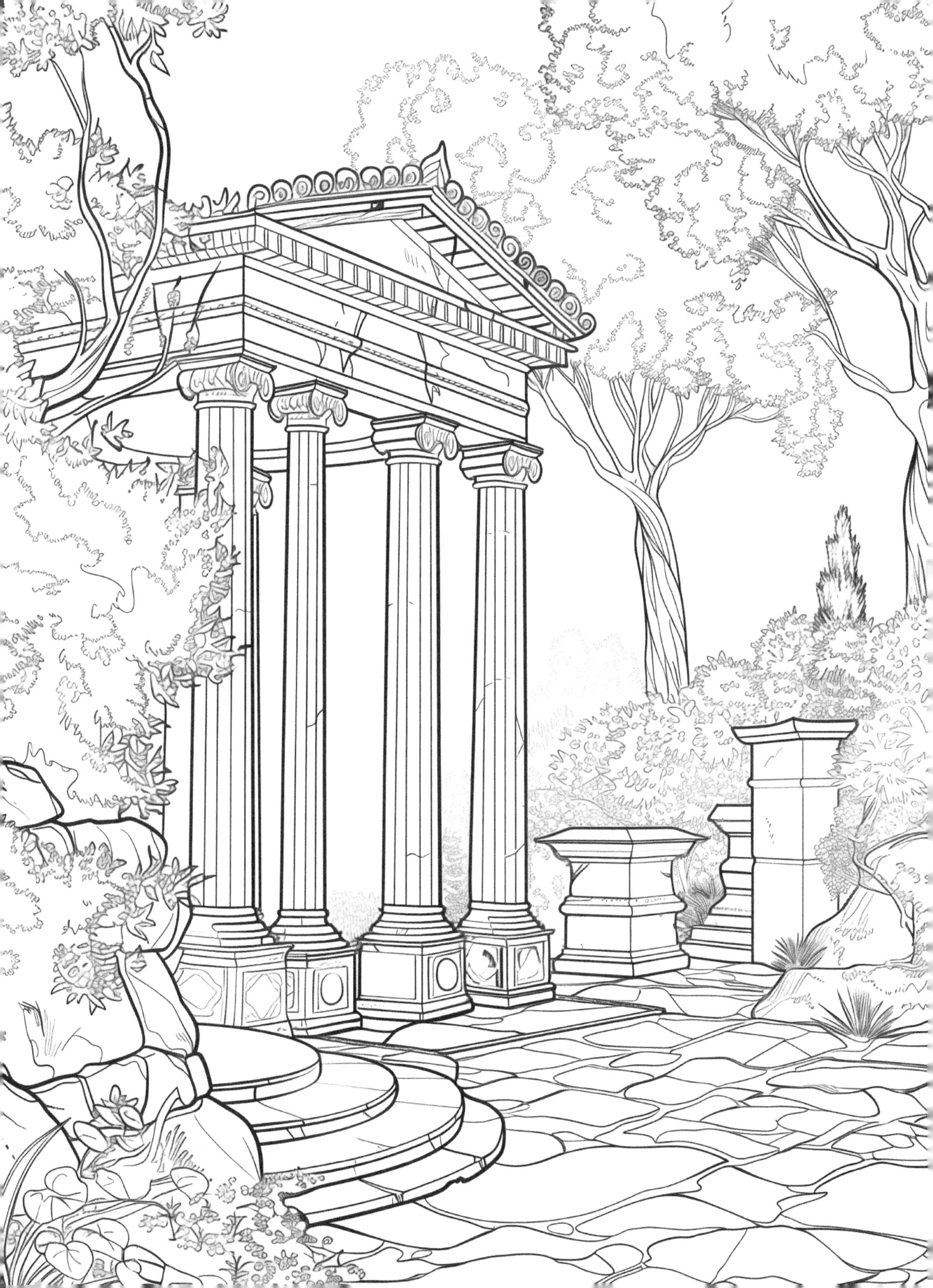

www.ingramcontent.com/pod-product-compliance
Lightning Source LLC
Chambersburg PA
CBHW081116240526
45470CB00020B/3235
* 9 7 9 8 3 2 5 0 9 5 4 0 5 *